中国管理会计实践创新平台成果集

战略导向

业财融合

平台聚能

基于共享战略的

"价值+数字"

驱动型管理会计体系

佟吉禄　高春雷　吕长江　胡少峰 ◎ 主编

中国财经出版传媒集团

经济科学出版社

Economic Science Press

图书在版编目（CIP）数据

基于共享战略的"价值＋数字"驱动型管理会计体系/
佟吉禄等主编. －－北京：经济科学出版社，2023.3
ISBN 978 - 7 - 5218 - 4641 - 6

Ⅰ.①基… Ⅱ.①佟… Ⅲ.①通信企业 - 企业管理 -
管理会计 - 研究 - 中国 Ⅳ.①F632.4

中国国家版本馆 CIP 数据核字（2023）第 052310 号

责任编辑：刘战兵
责任校对：隗立娜
责任印制：范　艳

基于共享战略的"价值＋数字"驱动型管理会计体系

佟吉禄　高春雷　吕长江　胡少峰　主编

经济科学出版社出版、发行　新华书店经销

社址：北京市海淀区阜成路甲 28 号　邮编：100142

总编部电话：010 - 88191217　发行部电话：010 - 88191522

网址：www. esp. com. cn

电子邮箱：esp@ esp. com. cn

天猫网店：经济科学出版社旗舰店

网址：http：//jjkxcbs. tmall. com

北京季蜂印刷有限公司印装

787 × 1092　16 开　13.5 印张　208000 字

2023 年 4 月第 1 版　2023 年 4 月第 1 次印刷

ISBN 978 - 7 - 5218 - 4641 - 6　定价：65.00 元

《基于共享战略的"价值+数字"驱动型管理会计体系》编委会

主　编：佟吉禄　高春雷　吕长江　胡少峰

成　员：杨晓伟　刘轻舟　韩慧博　卜照坤　廖朝晖
　　　　张　璐　钱晓东　张力沫　雷晏平　高　飞
　　　　王　涛　王树林

前　言

中国铁塔股份有限公司（以下简称"中国铁塔"）是在落实"网络强国"战略、深化国企改革和电信体制改革、促进通信基础设施资源共建共享的背景下，由中国移动通信有限公司、中国联合网络通信有限公司、中国电信股份有限公司和中国国新控股有限责任公司出资成立的大型通信铁塔基础设施建设运营服务企业。中国铁塔于2014年7月15日注册成立，在全国31个省区市设立了省级分公司和地市级分公司，公司主营业务包括基于站址资源和专业化建设维护能力优势，为电信企业开展通信铁塔及相关基础配套设施，高铁地铁公网覆盖，大型室内分布系统的建设、维护和运营，以及向不同行业客户提供站址应用服务、信息服务和能源服务。作为深化国企改革和电信体制改革的试验田，中国铁塔自成立之初就致力于"穿新鞋不走老路"，研究探索如何走集约高效之路，实现企业的可持续发展和价值提升。

要高效运营中国铁塔这样一家资产规模庞大且分布极度分散的大型企业，需要运用管理会计思想，借助互联网管理模式和数字化技术，通过精细化、智慧化管理实现股东利益最大化和价值提升。在管理会计理念指引下，中国铁塔逐渐探索出了适合自身特点的发展模式和价值管理路径。公司成立以来，通过统筹资源、深化共享，大幅加快通信网络建设速度，站址数较成立之初增加了1.3倍，支撑我国建成了全球规模最大、质量最好的移动宽带网络；新建共享率从成立初期的14%大幅提升到81%，节约行业投资超过1600亿元，极大提升了经济社会效益，有效消除了过去"多塔林立"的现象。2018年8月，公司成功在香港上市，融资75亿美元，为历年来最大的非金融中国国企香港IPO。公司从100亿元资本金起步，发展成为拥有超200万通信铁塔、资产规模超3000亿元的国际化公司。公司经营业绩稳健增长，企业实力显著提升，税前利润由2015年亏损47.5亿元增长至2021年96.2亿元，资产负债率由上市前87%降至41.4%。公司始终坚持以共享创造价值、以精益化管理提升价值，持续深化和丰富行业共享，大力拓展社会共享，形成了"共享发展的铁塔模式"和"有中国铁塔特色的管理会计体系"。

公司成立以来，中国铁塔始终围绕"支持战略决策、优化资源配置、激发经营活力、实现价值增值"的目标，开展管理会计体系建设，从"数字化""精益化"理念出发，不断推进管理会计与数字技术的融合发展和创新实践，初步打造了以"数字化运营承载、精益化管理赋能、自主化经营激活、量化模型决策"为核心的具有铁塔特色的管理会计体系。2019年11月5日，中国总会计师协会授予中国铁塔"中国管理会计实践创新平台"（以下简称"创新平台"）单位称号。按照创新平台工作方案，中国铁塔认真研究部署实施相关工作，与复旦大学专家学者组建工作团队，稳步推进管理会计创新平台建设进程，结合中国铁塔经营管理实际开展管理会计研究，充分发挥"以产助研、以研促产"的优势，总结提炼创新理念并不断完善面向数字化时代的"价值＋数字"驱动型管理会计体系。

公司精益高效的管理模式也得到社会各界的广泛认可，"深化业财一体化建设，构建数字化运营体系"项目荣获2019年中国企业改革发展优秀成果一等奖，中国铁塔财务智能稽核荣获2020年首届中国智能财务最佳实践奖。

在此，特别感谢中国总会计师协会授予中国铁塔"中国管理会计实践创新平台"单位称号，为我们提供了产学研一体化平台，鞭策激励我们不懈探索实践；感谢复旦大学吕长江教授对中国铁塔管理会计实践的深入指导和总结提炼，使得中国铁塔的管理会计实践更具科学性、系统性。由于中国铁塔还是一家新企业，所做的探索和创新有限，准备时间也较为仓促，受我们的能力水平所限，本书中的不妥和不足之处在所难免，还请中国总会计师协会和各位专家、业界同仁不吝批评指正！

目 录

附录

第一章

中国铁塔管理会计创新:
背景分析与基本框架

第一节
数字化时代管理会计的发展变化

一、管理会计以价值创造为核心

管理会计以业务流程为基础，利用管理会计工具方法，将财务报表中的数字与数字背后的业务活动联系起来，参与单位规划、决策、控制、评价等活动并提供有用信息，从而将会计职能从记录价值向创造价值拓展，从后台部门向业务前端拓展，从事后记录向事前规划拓展，以持续创造价值为核心，促进企业可持续发展。

管理会计的萌芽可以追溯到 20 世纪初，近 30 年来，经济环境和组织的不断变化一直推动着管理会计变革，管理会计的内容、方法处于持续更新和演变之中，如在科学管理时代，公司通过标准成本制度、差异分析等提高组织的劳动生产率和工作效率来创造价值；在需求导向时代，公司通过长期投资决策、全面预算管理、平衡计分卡等提高投入产出水平、做好事前规划、满足客户需求从而创造价值。在不同的发展阶段，管理会计为企业创造价值的方式和出发点在不断变化，但是其价值创造的初衷始终未变。作为一种为内部管理服务的信息系统，管理会计的核心职能是通过向管理者提供相关信息，使决策更加科学合理，优化企业资源配置，夯实企业核心竞争能力，从而支撑价值创造。

二、数字化赋能管理会计创新发展

管理会计的发展历史反映了企业在不同经营环境下以管理变革积极应对内外不确定性的探索路径。企业在复杂的内外环境中，不断创新管理会计工具和方法，寻求不确定环境下的战略精准、策略灵活以及科学管理，以高质量可持续发展实现企业的价值创造。进入数字经济时代，数字技术正重塑企业经营理念和管理手段，管理会计也将肩负新的历史使命，从简单的成本计划和控制，转变为重点关注企业价值创造的关键财务动因和经营动因等价值管理模式，从支持经营决策转变为支持战略决策，从"物本管理"转变为"人本管理、智本管理"，在新的发展时代下，管理会计呈现出战略引导、体系建设、数字驱动、人本管理等特征，在助力企业应对不确定性、赋能企业价值创造方面发挥关键性作用。

（一）战略引导

随着我国经济的快速发展，企业逐渐从规模扩张阶段步入高质量发展阶段，以可持续的价值创造为目标，持续进行战略升级，不断丰富创新、协调、绿色、开放、共享的新发展理念，从"做大企业"向"做优、做强企业"转型。在新发展阶段，管理会计需要适应企业高质量发展的战略要求，加强战略引导，积极进行内部挖潜、科学决策，建立企业核心竞争优势，加快战略目标落地。

管理会计需要借助深度业财融合，贯彻"价值创造"理念。管理会计的本质是创造价值的行动，在业财融合的过程中，管理会计充分参与到企业战略制定与调整中，参与到业务问题的改善与变革之中，将价值创造的理念嵌入设计、建设、营销、报告等所有管理环节，以形成完整的价值链循环，实现资源的优化配置和成长的良性循环，助力企业高质量发展。

（二）体系建设

管理会计纵向贯穿集团公司总部及所有分子公司，横向连接业财全流程，覆盖预算、成本、资金、收入、战略等主要管理领域，覆盖考核激励、系统搭建、流程梳理、规则制定等管理活动的方方面面，应用管理会计成为一项复杂的系统工程。企业需要从战略层面规划管理会计体系，使其在企业管理体系中支撑战略目标落地，服务价值创造。经战略规划后构建的管理会计体系应具有以下功能：能够明确创造价值、打造企业核心竞争能力的目标；培养"业务中的财务专家、财务中的业务专家"，打造企业

"大财务"人才团队；打破企业内部部门分工的职能壁垒和条块分割，实现业务过程、投资经营与财务系统的一体化管理；实现多种管理会计工具的集成应用和信息系统的数据共享。

（三）数字驱动

随着数字经济的发展，数字技术正在改变企业和行业的运作规律，面对更加个性化、多元化的市场需求，企业需要在不确定性中实现精确管理，而这正是管理会计可以发挥优势的领域。作为提供信息支持决策的信息系统，管理会计可以充分运用大数据、云计算、人工智能等技术手段，构建生产经营数据平台，积极进行汇聚分析和数据挖掘，推动财务管理智能化转型，提高财务的洞察力、分析力、决策力，助力企业管理层合理配置资源和优化决策，并对当前和未来的经济活动进行预测、决策、规划、控制和考核评价等提供更多的可选方案。在数字经济时代，管理决策由经验依赖型转为数据依赖型，数据、模型是决策的科学依据，可以说，谁掌握了数据，谁就能准确掌握未来。大数据不仅为管理会计应用夯实了基础，使管理会计能够从大数据中客观分析、解读并还原数据的业务真相，而且扩大了管理会计的应用范围，使其可以为企业业务经营各个层面的预测、决策提供全方位支持。例如通过实施业务元数据管理、标准化处理各系统数据源、统一数据业务及系统口径、建立数据治理稽核体系，实现业务和财务数据一体化，并在此基础上实现可视化和精细化管理，将为企业从战略决策到业务执行等不同层面的管理活动提供支持。数字驱动的管理会计将成为公司业务的亲密伙伴。

（四）人本管理

传统的管理会计无论是作业成本法、平衡计分卡、质量成本管理，还是目标成本法、经济增加值等，都是将管理控制的重点或价值增值的动因停留在"物"上。但是对于企业而言，价值增值的根本动因是"人"。数字经济下的管理会计不仅讨论如何围绕"物"实现成本的节约、效率的提升，更需要讨论如何构建以"人"为中心、为根本的价值管理机制，从"物本管理"过渡至"人本管理"。

"人本管理"强调构建以人的积极性和创造性为内驱动力的柔性管理，要求根据外部环境的变化及时对内部环境进行调整，让一线业务单位主动适应激烈的市场化竞争。在"人本管理"理念下，管理会计人员的重要任务就是要最大限度地激发组织成员积极性和创造性的内驱动潜能，并引导他们的行为支撑企业价值最大化的目标。在这一过程中，资源配置的方式成为关键，在"物本管理"理念中物质资本为主角、人力资本为配角，而在"人本管理"中，资源配置模式以人力资本为主角，行为人提出物质资源需求计划并承诺价值创造目标，企业根据物质需求计划提供物质资源，从而实现资源配置主配角的互换。

当前，管理会计的发展变化日趋活跃，管理会计工具的创新应用为我国企业增加效益、实现价值增值发挥了重要作用。中国经济体制下的企业管理体系有其独特之处，不少优秀企业在长期实践和探索中，通过管理会计创新实现了企业的高质量发展。如何总结先进管理会计理论和优秀企业管理会计实践，建立中国特色的管理会计理论体系，为其他企业提供借鉴，更好地提升企业管理效率和效益，促使我国企业加快转型升级和提升创造价值能力，服务中国经济的可持续发展，成为一个重要课题。

第二节
中国铁塔共享发展战略与价值创造实践

一、中国铁塔由共享而生

改革开放后，随着经济发展和人民生活的改善，社会对通信的需求与日俱增，通过引入市场竞争机制，我国持续改革通信行业管理体制，推动通信业高速发展。通信业从邮电部政企合一经营，历经邮电分营、电信重组等关键性变革，形成了中国电信、中国移动和中国联通三大电信企业三足鼎立的竞争格局，行业发展环境持续优化。改革电信企业并引入竞争，对于电信行业提高市场化程度、提升效率和改善服务发挥了巨大作用，但与此同时也带来了一些不容忽视的问题。中国铁塔成立之前，我国通信行业重复建设现象严重，双塔并立、三塔林立随处可见。2008 年审计署的一份工作报告显示，2002~2006 年，各大电信企业累计投入 11235 亿元用于基础设施建设，重复投资问题突出，网络资源利用率普遍偏低。为了解决重复建设问题，从 2008 年开始，工业和信息化部会同国务院国资委出台了一系列提升通信基础设施共建共享水平的政策措施，并提出了共建共享考核的各项要求和具体考核指标。虽然取得了一定成效，但仍无法从根本上解决该问题。

随着 4G 的全面部署，重复建设造成的资金、土地等资源浪费和效率低下等问题愈加严峻，在国家实施"网络强国""宽带中国"战略的时代背景下，国务院国资委与工业和信息化部组织三大电信企业共同研究，并报经国务院批准，于 2014 年 7 月由中国电信、中国联通、中国移动和中国国新出资设立中国铁塔。中国铁塔承载着解决通信行业重复建设和资源浪费、提升资源使用效率、促进移动网络快速规模发展的使命，可以说，中国铁塔由改革而立、因共享而生，是践行共享、绿色发展理念的鲜活案例。

二、中国铁塔的运营特点

中国铁塔专业化建设和运营通信铁塔，依托所有权、使用权分离和共享商务模式的构建，电信企业得以用更低成本部署通信网络，中国铁塔获得部分共享收益，实现了"共赢"。中国铁塔具有以下四个显著运营特点。

（一）股东同是客户

三大电信企业共同出资设立中国铁塔，并把 140 万座铁塔资产注入或出售给中国铁塔，形成中国铁塔的存量铁塔资产，同时中国铁塔也承接电信企业新建铁塔的建设需求，即中国铁塔依托存量铁塔和新建铁塔向三大电信企业提供通信基站及相关服务。

三大电信企业既是中国铁塔的股东又是客户，中国铁塔在承担自身价值创造的同时，还承担着为电信企业降本增效的任务，从而形成一种特有的运营机制，低成本、高效率、优服务客观上成为中国铁塔生存和发展的必然选择。

（二）共享实现共赢

中国铁塔的存量资产来源于三大电信企业，为电信企业提供通信铁塔和室内分布系统的建设、维护和运营服务。中国铁塔的商务模式重在铁塔资源共享，公司给予客户铁塔共享服务费优惠，共享租户越多服务费越便宜，共享带来的边际收益是中国铁塔利润的重要来源，实现铁塔等站址资源边际收益最大化是中国铁塔资产运营的目标。

（三）资产点多面广

中国铁塔的资产特点是点多面广、高度分散，"凡有人烟处皆有铁塔"。截至2021年底，公司拥有204万座铁塔，分布在全国各地，东到黑龙江佳木斯，西到新疆克孜勒苏，南到海南三沙，北到黑龙江大兴安岭，海拔最高的铁塔在西藏日喀则，海拔5000余米。公司拥有2万多名员工，人均管理站址数超过100座。

（四）业务同质性高

中国铁塔由总部和31个省级分公司、388个地市分公司组成，各省级、地市级公司业务管理内容相似，具有同质性。中国铁塔基于这个特点构建了扁平化和集中化的一级架构管理体制，实行制度、规范、流程自上而下一体化管理，这为建立全国统一的一级架构平台提供了便利条件，通过信息化系统垂直穿透，有助于形成透明、高效、规范的流程和作业体系。

中国铁塔"股东同是客户"以及重资产运营特点决定了其低成本、高效率、优服务的企业管理目标。作为国有企业改革的排头兵，要实现价值创造目标，客观上不能走传统企业管理的老路，必须"穿新鞋走新路"，坚持集约化、专业化、高效化、精益化的运营模式，最大限度地提升企业运营效率和效益。

三、中国铁塔共享模式探索与实践

中国铁塔因共享而生，致力于共享创造价值。公司自成立以来始终坚持共享初心不变，持续深化共享内涵，不断拓展共享边界，创新建设模式和服务模式，把资源统筹优势、政策支持优势转化为低成本、高效率的建设优势。不仅在通信行业内实现了共建共享，利用社会资源变社会塔为通信塔，更是将共建共享推向了行业外，变通信塔为数字塔，应势提出"一体两翼"战略，培育多点支撑的业务增长格局，持续提升公司的发展动能和价值创造能力，致力于将公司打造成为国际同行中最具潜力的成长型与价值创造型"两型"企业。

中国铁塔共享探索的历程如图 1-1 所示。

图 1-1　中国铁塔共享探索历程

（一）聚焦共享使命，明晰发展战略（2014 年）

中国铁塔从"六无"（即无资产、无人员、无机构、无设施、无流程、无制度）起步。作为国内电信体制改革的产物，国际上也没有同类规模的通信基础设施运营企业，公司没有成熟的商务模式可以借鉴，面临着生存发展压力。

中国铁塔积极践行国企改革的初心和使命，迎难而上，不到半年就建立了新公司、组建了新团队，快速形成了运营能力。公司明晰以"共享"为核心的发展战略，立足共享为行业和社会创造价值，做强做优共享模式。公司作为以共享新模式成立的新企业，坚持"穿新鞋走新路"，跳出传统国企的思维模式，在体制机制上大胆创新，并精简人员，实行扁平化管理，采用总分架构，一级管理，90%的人员配置在生产一线，实现了"小总部大生产"；总部集约化管理300多个属地化运营团队，打造了"总部—省—地市"团队。采取互联网管理模式，自主建设全国统一的IT系统，实现财务、采购、运维、资产运营等环节的全公司一级平台管理能力，实现生产运营全过程、端到端可视可管可控。

（二）统筹行业共享，集约规模发展（2015～2016年）

中国铁塔自诞生之日起就肩负着国企改革、资源共享的使命。从2015年正式运营开始，中国铁塔着力整合资源、推动共享、集约新建，通过供给侧改革促进降本增效，实现了三家电信企业前端竞争、后端通信基础设施建设运营合作，盘活了存量资产，提升了资源使用效率，打造了"共享竞合"的"铁塔模式"。

中国铁塔以市场化方式收购三大电信企业超过140万座的通信铁塔，成为公司实现集约化、规模化、专业化、高效化运营的重要基础。为解决通信行业"多塔林立"的弊端，中国铁塔充分发挥规模效应，坚持"能共享不新建，能共建不独建"，新增租户首先通过已有资源来满足，不断提升共享率水平；全面承担起铁塔基站的运行维护任务，以实现全国统一集约运营。中国铁塔还结合自身特点提升运营效率和效益，在建设上实行标准化、模块化管理，将塔类项目划分为塔基、塔身、机房、动力配套等产品模块和设计、施工、监理等服务模块，根据客户需求，灵活组合形成整体解决方案，提升工程建设实施效率；在核算上结合属地特征实行"单站核算"，将铁塔建设、维护成本归集到每一个铁塔，每一铁塔都能单独反映盈利水平；在技术创新方面，适应技术发展趋势，加快了站址设施的小型化、美观化建设等。

中国铁塔统筹行业共享、集约规模发展取得了良好成效。一方面，显著提升了行业效益和社会效益，实现了建设、维护、管理"三合一"，有效杜绝了重复建设，大幅提升了新建铁塔的共享水平，新建铁塔共享率从公司成立前的14%大幅提升至81%。公司在减少重复建设投资的同时，不断加大新建铁塔投资，2015～2016年共投入1000亿元，累计建设交付铁塔项目过百万，建设量相当于过去30多年行业累计建设总量的82%，快速建成了全球最大的4G网络，保障了国家"网络强国"战略的实施。另一方面，国有资产实现了有效增值和放大。通过增资扩股和引入新股东，中国铁塔以超2000亿元代价溢价收购三家电信企业存量铁塔相关资产，实现了国有资产的有效增值。

（三）深化行业共享，变社会塔为通信塔（2017～2018年）

两年投资近千亿，收购电信企业存量铁塔资产承担千亿负债，公司面临沉重的债务压力，同时在电信行业提速降费的大趋势下，公司收入增长承压。中国铁塔在快速成长的同时也面临较大的发展压力。通过践行新发展理念，公司对铁塔运营规律的认识不断深入，认识到传统高塔建设模式不可持续，必须进一步拓展共享深度，广泛应用社会资源，确立公司通信基础设施的社会地位，广泛联合社会各方面合作，从行业共享迈向社会共享，为行业降本增效，为公司创造价值。

一方面，公司适应行业发展要求，积极创新建设服务模式，从向客户出租铁塔转为为客户提供综合解决方案。以客户需求为核心，设计宏微结合、室内外协同方案，提供塔、房、电、传输综合一站式服务，满足客户低成本、差异化的移动通信网络覆盖需求，致力于为客户创造价值，进一步巩固公司在中国通信基础设施行业的市场地位。另一方面，公司充分利用社会资源，借助地形优势，变"社会塔"为"通信塔"。深化行业合作，与电网公司、房地产企业、社会杆塔机构签订战略合作协议，储备千万级社会杆塔资源。公司不断拓宽站址来源，少建甚至不建新塔，2017年以来，利用路灯杆、监控杆、电力塔、广告牌等社会资源新建基站项目占新建项目的28%，快速、高效、经济地满足了电信企业通信网络建设要求。同时，2018年公司成功在港交所上市，融资 75 亿美元，有效缓解了公司债务压力，推动了公司高质量发展。

（四）拓展社会共享，变通信塔为数字塔（2019 年至今）

以上市为标志，公司从组建成立、初创探索阶段迈入了全面运营、转型发展新阶段。上市前，中国铁塔的工作重心是推动行业内铁塔共享，节约行业投资，提升建设效率，助力三大电信企业 4G 建设。而随着上市完成，中国铁塔需要做的不仅是降低行业成本，还需要实现可持续发展。为此，中国铁塔一方面提升自身服务能力，实现高效和精细化运营，另一方面不断扩展共建共享边界，打造新的利润增长点。中国铁塔适时提出转型发展战略——"一体两翼"战略，即以面向行业内的塔类与室分业务为"一体"，以基于站址资源的社会化共享业务与面向社会的专业化备电保障服务为"两翼"，培育多点支撑的业务增长格局，持续提升公司的发展能力和价值创造能力，将公司打造成为国际同行中最具潜力的成长型与价值创造型"两型企业"。

在"一体两翼，两型企业"的战略目标指引下，中国铁塔立足持续做大做优共享模式，充分发挥规模化的站址资源、全覆盖的维护资源、专业化的能源保障资源等优势，依托数字经济时代的物联网和互联网技术，再认识铁塔资源的社会价值，从行业共享逐步迈向社会共享，变传统通信塔为"数字塔"，广泛服务国计民生，发展形成了全国最大的铁塔共享平台和能源社会化共享平台，助力社会信息化和治理体系现代化建设。公司与农业、水利、环保、林草、地震、气象等 30 多个行业和部门开展合作，开展高中点位的视频监控业务，同时利用基站的站址资源开展智慧换电业务，服务于轻型电动车使用群体，帮助外卖骑手、快递小哥解决配送续航难题，在全国 252 个城市服务超 40 万客户。2019 年，铁塔能源和铁塔智联技术两个专业化子公司挂牌成立，使公司的"两翼"业务更专业，共享可以发挥更大的价值。

中国铁塔始终坚持共享理念，以"一体两翼"发展战略引领，充分发挥管理会计在战略管理中的作用，把握价值导向，有效防范风险，促进公司行稳致远，实现数字运营、精益管理、自主激活，形成了以战略为导向的"价值 + 数字"驱动型管理会计体系。

第三节
以战略为导向的"价值＋数字"驱动型管理会计体系

中国铁塔的管理会计着眼于打造"低成本、高效率、优服务"的企业核心竞争力，从服务国家战略、提升行业效益、支撑公司战略目标出发，充分考虑公司重资产运营特征，以不断演进升级的信息技术为依托，以价值循环为基础梳理管理会计体系及建设思路，确定了资产数字化管理、业财一体、决策支持、战略引领等关键价值管理要素。经过多年的实践探索，中国铁塔以"两型企业"战略目标为牵引，搭建以数字化运营承载、精益化管理赋能、自主化经营激活为核心的"价值＋数字"驱动型管理会计体系，将管理会计理念和价值主张深度融入业务和财务部门的生产经营管理、规章制度建设、人才队伍培养中，全力推进公司"一体两翼"战略落地，在持续为客户、行业和国家创造价值的同时，助力公司高质量发展和价值提升。

一、内外环境对公司运营能力建设提出要求

当前发展环境中不稳定、不确定因素增多，企业发展面临多重考验。随着新一代信息技术革命和产业革命深入发展，数字化转型战略成为国家"十四五"规划的重要组成部分。以大（大数据）、智（人工智能）、移（移动互联网）、云（云计算）、物（物联网）为代表的数字技术逐渐成熟和广泛应用，为企业管理赋予了全新的手段，经营预测、风险识别、成本管控有了更加先进的模型、系统和管理工具。加快数字化建设，技术赋能创新管理，成为中国铁塔应对内外环境变化、提高运营能力、实现高质量发展的必然要求。

（一）加快数字化建设是中国铁塔提升资源统筹及规划能力的必然要求

中国铁塔肩负着推动国家"网络强国"战略落地、促进移动网络快速规模发展的使命与责任。尤其是进入5G时代，网络建设运维成本更高，站址资源需求更大，对资源和资金投入的要求也更高。要全面、经济、高效支撑我国移动通信网络建设，服务国家战略与行业发展，客观上需要中国铁塔不断提升资源统筹及规划能力，既要将投资规划与公司战略紧密结合，优先服务发展战略，也要充分利用好市场化的资源配置机制，加大对高效益领域的资源投放力度，确保公司投入的可持续性。中国铁塔一方面研究创新刚性和弹性相结合的资源匹配模式，着力提升资源使用效率；另一方面坚持以深化资源共享为立足点，加强自有资源和社会资源的统筹共享力度，以更优的方案、更高的效率、更低的成本提供综合解决方案，确保在有限资源约束的条件下实现通信基础设施的全覆盖，并为重点区域、关键领域提供高水平的通信保障服务。

（二）加快数字化建设是中国铁塔提升资产精益管理能力的必然要求

2015年以来，电信企业积极承担社会普遍服务责任，响应"提速降费"政策，不断优化通信网络服务的同时下调服务价格，行业整体发展承压，对进一步降低铁塔服务费的诉求逐渐强烈。同时，第三方公司由过去的400家增加至近1000家，越来越多的民营公司崭露头角并被纳入共建共享协调机制，与中国铁塔共同承接电信企业新建铁塔需求。面对客户的降本诉求和激烈的市场竞争，中国铁塔坚持"低成本、高效率、优服务"的发展思路，坚持通过技术创新和管理升级打造自身核心竞争力，推进成本节约和价值创造，在为行业降本增效的同时，实现自身的高质量发展。

（三）加快数字化建设是中国铁塔提升价值创造内生动力的必然要求

2018年上市以来，中国铁塔立足于企业可持续发展和价值提升，提出了构建以深化电信行业资源共享为"一体"、拓展社会化资源共享和能源电力共享为"两翼"的"一体两翼"业务发展格局，将共享发展和价值创造理念由电信行业拓展到行业外市场，培育多点支撑的业务增长格局，努力将公司打造成为国际同行中最具潜力的成长型与价值创造型企业。为推进战略目标落地，中国铁塔必须坚持规划引领、示范带动，围绕发展和效益，发挥预算考核的牵引作用，强调目标导向，落实对标超越；借助薪酬激励机制，持续激发组织与人员队伍活力；突出价值导向，借助资产全生命周期数字化管理，定位价值提升关键环节，提升公司内部经营效率与管理效益。

（四）加快数字化建设是中国铁塔提升运营风险防控能力的必然要求

中国铁塔作为全球最大的通信基础设施服务企业，具有资产点多面广、投资规模大、合作单位众多、结算支付链条长等特点，为公司工程、资产、支付结算等管理工作带来挑战。随着公司业务模式的创新和经营规模的扩大，合规运营和风险防范的要求也进一步提高。为支撑公司合规、稳健、高质量发展，中国铁塔必须强化风险意识，将完善的管理制度和规范的业务流程与 IT 系统相结合，形成完备的合规管理体系；借助数字化管理手段、大数据分析技术，动态监控、动态识别管理风险点，及时有效化解重大经营风险，推动公司在"质量效益型"发展道路上行稳致远。

二、中国铁塔管理会计体系建设思路

管理会计是一个以价值为基础，以战略为导向，以服务组织内部规划、决策、控制和评价等活动为目的，并重组组织整体信息和内部构成单位信息、财务信息和非财务信息、历史信息和未来信息的全面综合的管理系统。随着数字技术对管理的赋能，作为管理的重要组成部分，管理会计也将肩负新的发展使命。中国铁塔以数字经济发展为契机，不断升级管理思维，主动拥抱新技术，创新数字化、智能化的管理体系和工具，让很多以前"不敢想""不能做"的事情变成"大胆想""可以做"，助力企业战略落地和价值提升。例如中国铁塔基于物联网、财务机器人等技术，实现财务处理的全流程自动化，在降低成本的同时提高了工作效率并减少了差错；基于数据挖掘技术实现了经营预测和决策支持，提升了管理的科学性和敏捷性；基于系统集成技术进一步模糊业财税信息壁垒和管理壁垒，实现了业财税一体化；借助物联网技术和互联网平台实现了全国资产的可视可管可控，资产管理的精益化水平得到极大提升。

为加快推动"两型企业"战略落地，实现高质量、可持续发展，中国铁塔从公司战略目标出发，深入分析公司资源资产实际、业务模式和价值创造关键点，结合客户需求等外部环境要求，梳理价值管理循环，形成了具有铁塔特色的数字驱动型管理会计体系建设思路（见图1-2）。

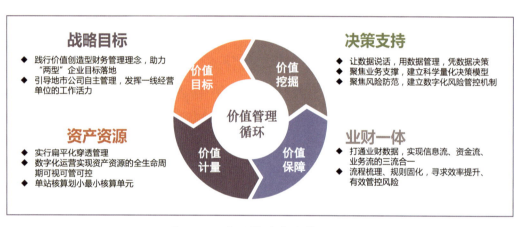

图 1-2 中国铁塔价值管理循环

（一）精益管理资源资产

中国铁塔在全国范围内拥有204万个塔类站址，配套2500万个设备，掌握着杆塔、站址、机房、能源供应等海量资源资产。这既是公司落实"一体两翼"战略的核心资源，也是公司价值创造的源泉，更是公司须妥善经营管理、实现保值增值的国有资产。因此，中国铁塔必须夯实资产运营基础，通过物联网和互联网平台等技术对资源资产实现广覆盖、全流程、精细化的管理。中国铁塔结合公司扁平化组织结构，借助一级架构IT系统实现公司总部对全国资产的可视可管可控，借助数字化技术实现对资源资产的全生命周期管理。同时，公司结合以通信基站为运营基础的业务特征，划小核算单元，将业财数据细分、归集至最小的单个站址，精益计量资产运营效益与资源能力余缺。

（二）深化业财一体化建设

财务向业务前端延伸，打破财务与业务的壁垒，从业务的角度来解释财务报表，树立系统全局意识，这是开展管理会计的前提和基础。为构建数字驱动型管理会计体系，中国铁塔高度重视深化业财一体化建设。一方面，公司将财务规则嵌入业务规则内，规范业财工作流程，将业务变化实时反映到财务数据中，提高财务信息质量；另一方面，推动财务管理能力提升，更好地服务支持业务发展，如强化风险意识，将风险管理的关口从业务事后监督推向事中、事前；强化精细管控，多维度的底层数据贯穿采购、建设、运维等业务流程全环节，为经营决策提供实时准确的数据支持。

（三）量化决策支持业务发展

全面准确地反映业务发展状况只是"价值＋数字"驱动型管理会计的基础，更关键的是为业务活动提供精准高效的决策支持。中国铁塔通过业财一体建设沉淀了大量准确、多维的业财数据，财务工作需要深度挖掘应用数据价值，让数据说话，用数据管理，凭数据决策。财务人员深度参与商务定价、项目评估、资源调度等工作，分析资源能力余缺、评估项目效益、提示经营风险，支撑公司业务拓展；分析挖掘生产过程中的价值提升点和风险管理点，规范和改善运营管理；建立科学有效的管理模型，为生产经营提供量化决策标准，向管理要效益。

（四）推进战略目标落地

管理会计始终服务于公司战略，从价值导向和能力提升两方面保障公司"一体两翼"发展目标落地。一方面，从加强投资源头管理、商务模式创新、产品技术创新等方面细化和完善价值提升工作方案，践行管理会计的价值理念；另一方面，通过完善预算考核激励机制，建立分公司与总部战略协同联系，鞭策落后、激励先进，促进分公司做强、做优、争做贡献，提高分公司的自主经营能力和资源统筹规划能力，激发公司内生经营活力。

三、中国铁塔"价值＋数字"驱动型管理会计体系架构

　　围绕"支持战略决策、优化资源配置、引导经营活动、实现价值增值"的目标，中国铁塔开展管理会计体系建设，从"数字化""精益化"理念出发，不断推进管理会计与数字技术的融合发展和创新实践，初步打造了以数字化运营承载、精益化管理赋能、自主化经营激活为核心的具有铁塔特色的"价值＋数字"驱动型管理会计体系，服务公司"两型企业"战略目标（见图1-3）。

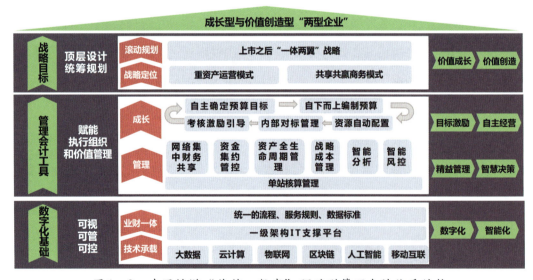

图1-3　中国铁塔"价值＋数字"驱动型管理会计体系结构

(一) 数字运营承载

随着信息技术的迅猛发展，以大数据、云计算、物联网、人工智能等新技术所推动的数字化转型使企业经营管理发生了巨大变化，为企业实现低成本、高效率、优服务的价值管理目标提供了全新的重要工具。面对不稳定、不确定的外部环境，企业运营风险加剧，要想保持长久的竞争力，就必须及时、高效调整经营理念，与外部环境相适应。特别是中国铁塔资产点多面广、遍布全国，决定了中国铁塔只能通过数字化运营才能实现集约化、专业化、高效化、精细化的管理。

1. 平台化运营

中国铁塔由总部和31个省级分公司、388个地市分公司组成，各个分公司之间的经营模式基本相同。基于这种管理特点，中国铁塔构建了扁平化和集中化的一级架构管理体制，实行制度、规范、流程自上而下一体化管理。通过标准化、统一化的"互联网 + N"（互联网 + 商务、互联网 + 运维监控、互联网 + 模块化）运营平台，促进业财融合，实现数据在业务、财务系统间高效、准确地传输。通过统一的会计政策和会计科目体系、一级架构的信息系统以及财务机器人技术，搭建会计核算自动化体系。通过业务财务一体化和会计核算自动化，搭建逻辑集中的财务共享平台，实现总部的集中核算、一点结算、一点支付、一点关账、一点出报。平台化运营是公司共享理念在管理视角上的延伸，为公司带来透明、高效、固化的流程和作业体系，提高总部对全国资源资产的精益管理能力，降低总部与分公司之间的信息不对称。

2. 数字化运营

总部和地市公司通过统一的管理平台，让所有的资源资产实现数据化、IT化。借助"一物一码""一站一证"的标识码管理手段，中国铁塔规范站址、物资编码，实现了实物资产的数字化管理，建成了全国最大的物联网平台，动态监控全国的资源资产，通过物联网设备将资产的运营状态进行数字化，对设备运行数据、维护数据、客户服务数据等统一采集和集中管理，发现故障主动报警、主动派单、自动归集成本，实现生产管理的数字化和智能化。数字化运营是公司将信息技术与企业经营实际相结合的实践结果，也是公司精益化管理、智能化升级的管理基础。

（二）精益管理赋能

在透明、高效、固化的流程和作业体系的基础上，中国铁塔进行统一精益化管理，以单站核算、对标评价为依托，实现精准造价管控、精准定位问题、精准分析原因、精准监控落实。同时公司不断向智慧化企业演进，以模型搭建挖掘数据价值，以模型的系统固化推动智慧决策。

1. 精益化计量

中国铁塔站址资源既是运营的核心单元，也是收入、成本归集的最小单元，天然具有划小核算单元的特征，基于单站精益管理为目标的"单站核算"思路应运而生。通过对单站收入、成本、毛利、造价等信息的全面展现，不仅可以实现财务计量颗粒度的精细化，而且可以实现精准定位问题站址，进而规范和提升业务管理。单站核算是具有中国铁塔特色的管理会计方法，也是其他管理手段的重要依托。借助单站核算体系，强化对标分析，及时发现异常站址损益状况，自动生成问题清单，支撑管理决策；借助单站核算体系，为公司商务定价、项目评估提供精准数据支持，支撑业务拓展。

2. 智慧化决策

中国铁塔积极推进数字化运营和精益化管理，为公司奠定了较好的数据、系统和管理基础，并通过充分挖掘数据价值，打破经验决策局限，以科学量化模型提升智慧决策能力。通过梳理业务需求及财务管理思路，为资产、资金、成本管理中的管理痛点建立决策模型，嵌入系统后实现模型的固化应用和弹性调整，解决场租续签、更新改造等业务场景量化决策问题，实现管理有标准、决策有依据。

（三）自主经营激活

地市分公司是中国铁塔的经营主体，也是公司价值创造一线。基于数字化运营形成的业财一体框架，利用单站核算的精益管理工具，中国铁塔总部和各级分公司解决了大型企业集团普遍存在的内部信息不对称问题。在此基础上，中国铁塔的自主预算机制强化了公司整体的战略协同联系，激发了地市分公司内生经营活力，同时以对标管理和战略导向的绩效考核制度为保障，引导分公司自定目标、自我加压，增强分公司自主经营、独立算账、自我管理意识，避免了传统预算模式中上下级单位预算博弈现象，推动经营观念从"要我做"向"我要做"转变。

第四节
中国铁塔管理会计创新探索进程

中国铁塔于2014年7月18日正式成立，开始共享发展的初创探索；2015年注入电信企业站址资产，迈入全面运营阶段；2018年登陆港交所，提出"一体两翼"新发展战略和走高质量、高效益的可持续发展路径。公司成立以来，坚持为行业创造价值，实现了跨越式发展。中国铁塔的财务体系建设始终坚持战略引领、顶层设计、价值导向要求，逐步完成体系搭建，实现业财一体，加强精益管理，迭代发展智慧升级，尤其是公司在2019年被授予"中国管理会计实践创新单位"后，中国铁塔在总会计师协会的指导和复旦大学专家学者的帮助下，系统总结公司管理会计体系框架和实践，联合探索有关预算创新、共享理念拓展、智慧决策的新思路、新方法，全面提升公司管理会计体系的健壮性与先进性（中国铁塔管理会计创新探索进程见图1－4）。

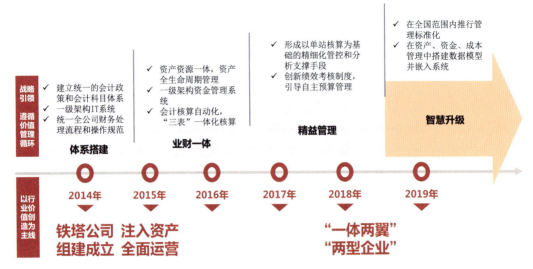

图 1-4　中国铁塔管理会计创新探索进程

一、体系化设计阶段（2014 年）

中国铁塔于成立初期本着高效集约的管理理念，围绕网络核算、逻辑集中、数据共享的建设目标，建立统一的会计政策和会计科目体系、基于业务财务一体化的一级架构 IT 系统、统一的财务处理流程和操作规范，实现了总部、省分公司、地市分公司的核算统一以及全公司财务会计与管理会计的规则统一，通过加强顶层设计、高起点建设，达成了许多成熟大公司想做但难以实现的目标，为后续财务管理能力提升和管理会计应用发展奠定了坚实基础。

二、一体化建设阶段（2015~2016 年）

根据"集约、扁平、高效、专业"的财务管控要求，基于财务一级架构系统，各级财务部门与业务部门积极联动，打通业务流程、打破专业壁垒，推动业财一体化融合发展。中国铁塔紧密围绕公司资产运营特点，按照"六个一"（一套制度、一个流程、一套标准、一个系统、一本账、一套表）的标准实现公司全部资源资产统一管理、高度融合的管理目标，构建资产全生命周期管理体系，为提高资产的运营服务能力和运营效益打下了基础。在资金管理方面，搭建一级架构的资金管理系统，实现了"收入实时上划、支出实时透支、自动补足、零余额"的收支两条线管理模式，实现了支付业务全流程自动化处理，提高了资金运转效率，实现了会计核算自动化及财务会计、管理会计、税务报表的一体化核算。同时结合资产及成本管理的特点，公司开始探寻精益化管理思路，初步建立了单站核算管理体系，在此基础上积极探索公司价值提升的有效途径。

三、数字化应用阶段（2017 ~ 2019 年）

单站核算是中国铁塔实现精益管理的基石。公司不断深化单站核算下的数据规范，探索单站核算结果在价值提升方面的应用，形成以单站核算为基础的精细化管理和分析管控手段。同时结合公司"两型企业"战略目标，创新绩效考核制度，弱化预算完成考核，强化目标引领和薪酬激励，引导分公司自主确定预算目标，发挥"人"的主观能动性，推进预算管理向"经营主导"转变。

四、智慧化升级阶段（2020 年至今）

借助业财一体系统、单站核算体系，中国铁塔在实践中积累了大量的数据。依靠信息系统优势和数据分析能力，中国铁塔进一步提升精细化管理水平，积极探索智慧运营。自 2020 年起，由财务部牵头组织相关部门针对影响公司业绩的关键因素和管理薄弱环节，总结先进分公司行之有效的管理经验，提炼形成管理标准化模板并嵌入系统流程，使管理有标准、决策有依据、操作有系统、考核有对标，有效促进了分公司补短板、争先进。同时，中国铁塔不断开展数据建模工作，充分挖掘系统中沉淀的业财数据价值，并借助系统功能实现数据的实时调度和模型的灵活调整，为日常经营提供科学量化的决策依据。

中国铁塔将继续以智慧运营为升级演进方向，以数据、场景和算法建模为发展核心，探索财务分析及经营决策方式从经验型、历史数据分析型向预测型、智能型和实时化升级，向着智慧财务、智慧企业的方向不断奋进。

第二章

"价值＋数字"驱动型管理会计的
基础构建——业财融合

在互联网和数据管理技术飞速发展的环境下，业财融合将企业经营中的业务流程、资金运动过程和数据流程有机融合，建立起基于业务活动驱动的一体化信息收集、处理、分析体系，使财务数据和业务信息融为一体。业财融合服务于公司价值创造的总体目标，其基本理念是通过建立基于业务事件驱动的信息处理流程，使公司业务数据自动向财务系统传送，业务和财务数据实现同步共享。

立足于共享并发挥数据共享价值，中国铁塔全面推行业财一体化建设，借助数字化运营手段将管理会计深度融入企业经营的全过程，积极推进管理平台化、经营数字化，服务于公司的成长与价值创造，在业财融合实施建设和深化应用实践上取得了良好效果，为锻造"低成本、高效率、优服务"的综合竞争力提供了有力支撑。

第一节
数字化运营奠定业财融合坚实基础

业财融合以服务公司战略为导向，以数字化运营为支撑。作为一种财务流程再造理念，业财融合是以数字化运营的形式服务于公司战略目标的过程。借助数字化管理平台，业财融合为企业内部和各环节的管理者与员工提供据以做出决策的信息，服务于战略落地、风险防控、供应链管理、绩效管理、成本管控等管理目标。

标准化的业务流程和规范的数据标准是推动公司业财融合的重要基础。中国铁塔从成立伊始就着重推动这两项工作。一方面，公司统一梳理全部业务流程规范，从需求承接、订单签订、项目立项、项目施工、验收交付、客户起租、收入计量到运行维护全面实现流程标准化，这为数字化管理奠定了坚实基础。另一方面，建立了统一规范的财务管理制度和数据对接标准。按照自上而下实行全公司一套制度、一个流程、业务财务一体化的总体思路，构建具有共享、开放、互联等数字化特点的全公司一级架构信息系统支撑平台。

一、资产管理数字化

资产管理数字化的基础是统一数据标准体系。为实现数据标准化管理，中国铁塔成立专门的数据管理中心，负责梳理组织架构、站址编码、项目编码、物资服务编码、供应商、业主、客户等关键主数据，借助主数据信息管理系统明确主数据入口，由主数据系统分发给各业务系统使用，实现数据标准化。以站址编码为例，站址编码用来标识每个铁塔站址的站址名称、站址类型、经度、纬度、所在地址等基本信息以及可以归集在该站址的所有事项，站址编码由公司公共数据库统一管理，做到一点管理、各系统同步使用，并贯穿公司全业务、全流程。除此以外，公司还建立了物资服务编码、项目编码、客户编码、供应商编码、业主编码等统一的数据标准和接入规则。在此基础上，中国铁塔探索对于每一个资产单元进行标识码管理，实现"一站一个身份证""一物一个资产码"，实现全公司 204 万座铁塔有 204 万个身份证、2500 万设备对应 2500 万个资产编码（见图 2 - 1）。实物资产数字化是实现数字化运营的重要前提。

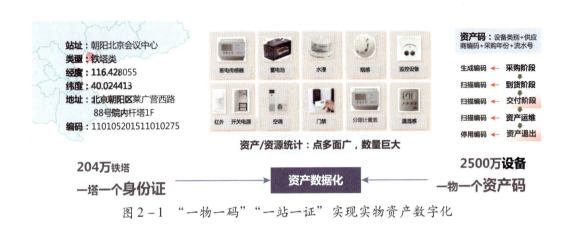

图 2 - 1 "一物一码""一站一证"实现实物资产数字化

二、业务运营数字化

（一）"互联网 + 运维监控"平台实现运营维护智能化

借助集中统一的运行维护监控平台，公司对遍布全国的铁塔设施动力设备和环境进行统一监控和监督维护，构建了"一级平台、集中管理、属地维护"的运营维护体系。平台基于物联网架构，使用了创新的智能数据采集器（FSU），统一接口协议标准，采用移动互联网的接入方式，实现了快速、高效、低成本安装，同时能够对底层网元设备进行遥调、遥控、遥信、遥测等操作。公司总部和省、市分公司通过统一的管理平台实施运营监控，所有的资源资产实现数据化，全国塔站集中可视、可管、可控（见图 2 - 2）。

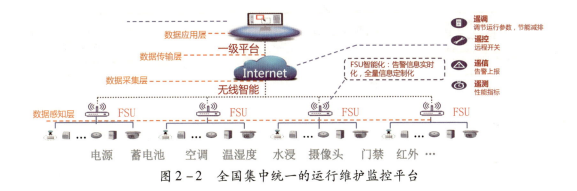

图 2 - 2　全国集中统一的运行维护监控平台

通过运行维护监控平台，借助各类传感器可以实时对各站塔的运行情况进行集中监控，随时获悉基站的温度、电力状况等基础信息，如果发现问题，平台会自动发出警报，进行故障的快速收集、分析和处理，平台发出警报后总部通过 App 直接派单至一线维护人员，维护人员据此上站，上站后发生的维修、发电等费用，通过与财务系统对接，实现该站址相应维护成本、修理成本和发电成本的自动归集。智能化的运营维护平台有效保证了公司高效率、低成本地进行海量资产运营。

（二）"互联网＋商务"采购管理平台

通过自主研发、自主运营中国铁塔"在线商务平台"，创新采购管理模式。采用电商模式构建全国一级采购平台，将供应商及各类运营物资、运营服务全部纳入电子商务系统，公司总部对供应商进行统一认证、统一准入、统一价格、统一支付，利用电商模式形成全国统一市场，全国各地分公司的物资采购统一通过在线商务平台下单。采购管理平台化大幅提高了公司供应商集中度，缩短了采购周期，大幅降低了采购成本（见图 2 - 3）。平台化采购使供应商生态链得以优化，实现了采购全过程数字化，支持各级采购人员高质量、高效率、低成本地开展阳光采购。

图 2 – 3 "互联网 + 商务" 在线采购平台

(三) "互联网 + 模块化" 工程建设平台

中国铁塔创新工程建设管理模式, 建设 "互联网 + 模块化" 工程建设平台。工程项目模块化是根据工程项目的构成, 在管理平台上将项目统一划分为塔桅、塔基等产品模块, 并在各模块下给出各子模块的名称、工作内容、计量单位及基准价格等标准化格式和内容, 据此开展线上采购和审计等管理工作, 有力推动了工程建设的快速上量。模块化管理聚焦质量、进度、造价三大管理要素, 坚持以 "模块化组合方案 + 商务平台采购" 为抓手, 合理控制造价; 以标准化工序、工艺管理为抓手, 强化质量管控; 以 "常态化监督检查机制 + 内外部审计" 为手段, 实现常态化、规范化工程管控; 通过业务层面、IT 支撑层面持续优化, 实现工程文档归集电子化、财务转资电子化, 让一线人员摆脱了烦琐流程和案头工作, 同时实现了成本自动归集、自动转资、支撑财务自动核算。

【案例 2－1】

河北分公司：数字化运维推进精准作业，实现降本增效

一、存在的问题

河北分公司聚焦维护工作中获取退服信息滞后、发电响应不及时等造成客户感知差等影响公司效益的问题开展数字化运维作业。

二、采取的措施

河北分公司依托运维监控系统，充分利用大数据等先进技术，财务部门和业务部门联合开展数据分析，提高了运维数字化生产管理水平，实现了维护质量与客户感知、资产使用效能与效益的提升。具体如下：

（一）开发退服分级督办系统功能

依据省内监控管理规范，开发分级督办系统，通过电话＋短信的形式，高等级站址退服按照时限分级进行语音及短信督办，借助数字化手段，有效降低高等级站址退服次数及标准站址退服次数。

（二）优化运监系统退服指标自动稽核功能

为提升退服指标稽核效率及准确性，实现电信企业网管系统与铁塔运监系统优势互补，打通与三家电信企业网管系统接口，客户网管告警及退服数据及时推送至运监系统，保证了发电工单派发的精准性，减少了发电成本，减少了退服指标稽核争议。

（三）开发网络监控分析平台功能

结合运监系统告警、工单、性能等数据进行多维度运维指标分析，自动化多维度输出工单处理及时率等13项基础运行维护指标自动向财务部门和运维部门推送，有效指导地市及一线维护人员进行运维指标分析，找出短板，及时整改，提升了整体维护质量。

（四）开展大数据分析，推动资产使用效能的提升

网络监控分析平台沉淀基础运行维护指标后，业财联合对其进行大数据分析。业务部门对站址停电频次、故障原因等内容进行整理，筛选出断电多、故障多、设备老化、电池配置不足的站址。财务部门利用单站核算系统对该站址进行定位，分析问题发生的原因，并对产生的维护费扣罚等影响进行测算，降低了维护扣罚损失，为公司创造了价值。

三、实施效果

依托数字化手段，实现了精准作业，提升了代维响应速度，减少了退服指标稽核争议，提升了公司效益。通过近半年的运营，平均断电退服时长持续改善，2021年1月，全省标准等级平均断电退服时长较2020年7月缩短63%，高等级较2020年7月缩短91%；维护扣罚下降52%，改善了服务质量，提升了公司效益。

第二节
基于资源资产一体化的资产全生命周期管理模式

基于业财融合，还可以进一步提升管理能力，借助信息化手段实现财务流程服务于业务流程，从财务反映业务转变为财务支持业务。

中国铁塔在资产数据化的基础之上，实现了全部工程项目自动核算、自动装配、自动转资，通过"一物一码""一码到底"的数字化能力，跟踪每项资产从进入到退出的全流程状态，细化关键环节的资产管理，动态管理资产运营状态，完善资产全生命周期管理体系。

一、构建资源资产一体化的资源资产管理系统

中国铁塔资源管理系统负责管理实物信息，财务系统资产管理模块负责核算资产价值，资源与资产实行一个入口、一套编码、一张标签、一个流程，一体化管理。资源与资产数据统一由项目管理系统（PMS）一个入口生成，确保数据源头一致；资源与资产编码一对一映射，共用一套编码；资源与资产共用一张标签，一体化盘点；资产调拨、利旧、闲置、维修、盘点、转让、置换和报废等流程，全部由资源系统管理、监控，资源系统操作完毕，资产卡片自动更新状态、自动核算资产价值，全过程不需

要财务人员干预，实现了资源资产一体化管理。

二、实现工程项目自动核算、自动装配、自动转资

通过"在线商务平台"，实现工程项目全部采购订单数字化；通过模块化的建设模式，实现物资和服务全部标准化；通过构建全系统统一的物资服务编码，实现全部物资和服务与资产的映射。在此基础上，统一工程项目核算、装配、转资自动化规则，从而实现了全部工程项目自动核算、自动装配、自动转资，全过程无需人工干预。截至 2021 年末，公司累计约 800 万个工程项目，近 1500 亿元工程建设成本，全部由系统自动核算、自动装配、自动转资，提升了工程核算质量，同时减少了人工操作，为财务人员走出办公室服务支撑业务奠定基础。具体建设思路如下：

第一，统一规则。结合模块化上线，财务部会同工程建设部门以固定资产目录为核心、设计物资和服务编码规则，统一明确每项物资和服务所对应的会计核算科目、形成的固定资产，避免人为造成核算科目和转资颗粒度差异。

第二，统一入口。财务部会同商务采购部统一财务核算入口，将原先线下采购、需手工核算的订单全部纳入在线商务平台管理，并在订单满足成本确认条件后通过在线商务平台和财务系统接口自动推送，避免手工核算不及时、不准确。

第三，统一流程。财务部会同 IT 部门统一转资流程，工程项目完工、资产装配、资源生成、资源录入、资产交维、内部验收等流程环环相扣，客户关系管理系统（CRM 系统）确认订单交付的当月自动触发财务系统全额转资，避免人工干预转资和折旧计提。

中国铁塔的资源资产一体化管理系统如图 2 - 4 所示。

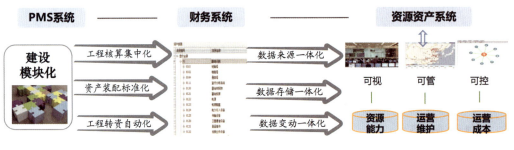

图 2 - 4　资源资产一体化

三、实现资产状态动态管理

铁塔公司资产点多面广、种类繁多，且多为体积小、单价低、流动性高、监测难的配套类资产。约 2 万名自有员工和 8 万名代维人员管理着约 2500 万条实物资产，既体现了集约化管理的突出成效，也充分反映了公司精益化管理的难度。铁塔公司资产的特点，决定了通过传统的人工上站检查、登记台账、记录实物资产状态的方式开展资产管理效率低且无法做到资产状态实时动态更新。为降低资产运营风险、提高资产管理效率，公司以资产全生命周期为脉络，从生产经营活动和资产运营质量两个角度，梳理资产运营状态的驱动因素，完善资产运营状态动态管理机制，同时通过系统标识和规则固化，实现资产运营状态与工程建设状态、站址订单状态、业务流程、故障监控、财务价值等数据动态联动，准确识别并掌握资产的实际状况，合理化解潜亏风险，强化资产责任管理制度，保障资产长期运营服务能力。

（一）以生产经营活动和资产质量为触发条件，动态管理资产运营状态

公司将资产运营状态定义为在用、暂停使用、闲置、待报废、已报废、已处置 6 种。为了做到资产状态定义清晰、状态间不交叉不空挡，公司结合站址运营管理体系，分解资产全生命周期管理过程中影响资产运营状态变化的主要生产经营活动，并按场景归类为"站址运营业务活动"和"资产运营业务活动"，同时还考虑了可

能影响资产状态变化的资产故障等因素，全面梳理资产运营状态的影响因素和触发条件（见图2-5和图2-6）。

图2-5　梳理资产相关的主要生产经营活动

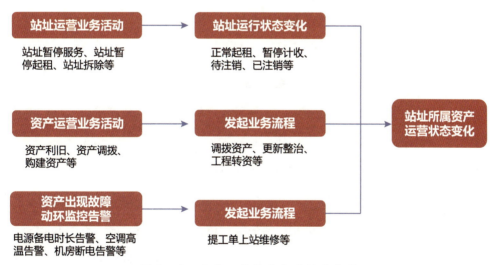

图2-6　资产运营状态变更触发条件

公司将资产状态与生产经营活动和资产运营质量关联，一方面实现对资产运营状态进行节点清晰的场景定义，另一方面实现资产运营状态的实时变化。以站址运营业务活动为例，站址运营活动主要包括站址上订单状态的变化以及站址拆除回填等。假设站址上订单暂停计收后，系统将根据站址对应的收入变化将站址运行状态从"正常起租"转变为"暂停计收"，相应地，与该站址关联的资产的状态将从"在用"转变为"暂停使用"（见表 2 - 1）。

表 2 - 1　　　　　　站址运营业务活动触发资产运营状态变更举例

站址运营业务活动	站址运行状态变化	站址所属资产运营状态变化
站址暂停服务	CRM 系统中站址"正常起租"自动变更为"暂停计收"	关联资产从"在用"状态自动变更为"暂停使用"
站址拆除	拆站审批后站址状态变为"待注销"	关联的实物类资产从"在用"或"暂停使用"状态变更为"闲置"

基于一体化的系统支撑，铁塔公司统一规划和建设资产运营平台，在系统中固化资产运营状态的转换标准、时限要求和业务流程，动态维护站址运营状态、资产性能状态、资产存放地点等信息，初步构建资产实物信息和价值信息"一张图"。

（二）以资产运营状态管理为主线，深化资产数字化管理

公司以资产运营状态管理为主线，从保障生产经营、落实资产管理责任、完善资产管理要求、健全资产监督机制等方面深化资产数字化管理。

1. 加强资产管理数字化能力，支撑日常管理和经营分析

基于可视可管、透明共享的资产动态信息，业务部门建立对全量资产运营状态的监测、告警、派单、处理、反馈机制，强化资产运营能力建设，提升资产性能，为业务拓展和服务提升提供保障；财务部门跟踪分析全国资产运营数据动态，监督各级单位运营管理成效，开展对标分析和评价。通过数字化协同、业财联动，形成资产运营管理闭环。

2. 落实资产管理责任，提升资产使用效能

基于资产运营状态动态管理，公司客观反映资产在形成、营运、退出全生命周期中的不同使用形态和价值创造能力，迅速定位停用、闲置、待报废等低效无效资产，

督促相关部门落实管理责任，提升资产使用效能。如财务部门定期组织各业务部门提取零收入站址清单，核查相关站址所属资产性能，各专业部门根据评估核查结果合理安排站址及其资产的后续处置，做好站址维系和保有，推动闲置资产盘活利旧。

3. 挖掘资产价值增长点，提高资源配置精准性

基于资产运营状态动态管理，公司持续完善数据分析平台，准确反映资产运营管理过程中购建、更新整治、拼插整合、修理、利旧、调拨、报废等各业务活动成本，逐步形成经营数据沉淀，总结归纳资产运营效益模型支撑业务决策，挖掘资产价值增长点，优化资源配置，促进公司价值提升和精益化管理。

4. 健全资产运营状态监督机制，识别防范公司运营风险

基于对资产运营状态的精细化管理，公司梳理相关管理规范和资产损失风险点，有效识别并防范资产运营中的潜亏风险，如锁定长期库存物资、长期闲置资产、未到使用期限即报废资产等，组织核实原因、明确管理举措，监督管理落地成效，合理化解资产运营损失风险。

通过资源资产一体化的资源资产管理系统、一级架构的运维监控平台、动态更新资产状态的资产运营平台，公司不断完善资产全生命周期管理体系，实现资源能力的可视化、运维服务的可管理、运营成本的可控制。从投资规划、工程项目建设开始，采取造价管控、阳光化采购、主动规划站址资源、土地确权、延长站址租期、防盗、勤修、利旧等措施，延长资源资产使用寿命，充分发挥资源资产效能，降低运营成本，为客户节约租金，为社会创造价值（见图2-7）。

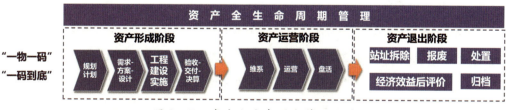

图2-7 资产全生命周期管理体系

【案例 2 – 2】

河南分公司：持续强化资产管理，做好资产延寿和增值

一、实施背景

随着运营商组网方式和发展战略的调整，依靠资产规模拉动收入已成为过去时。加强现有资产的保有和运营，进一步关注资产的延寿和增值，逐步实现从实物管理向价值管理转变，从资产规模扩大向聚焦资产效能转变，是当前及今后一段时期资产管理的重要方向。

随着存量注入配套资产的到期，从 2019 年到 2022 年逾龄资产规模（原值）从不到 2 亿元增加到超过 20 亿元，电池、空调、机柜、动环等配套资产的成新率逐渐降低，更新改造投资逐年增加。随着资产更新改造投入的不断加大，对资源投放的精准度和更新改造项目前评估、后评价的必要性也愈发凸显。

二、主要措施

（一）确定延寿重点资产并估算投入额

首先，将需延寿的资产按照来源分为三类：逾龄资产、拆除站址、低效站址。

其次，明确资产延寿原则：可直接利旧的，调拨利旧；不可直接利旧的，"以修为主""能修不换"。

最后，确定延寿重点资产并估算投入额：针对资源系统显示的资产状态，进一步通过清单摸排、三级鉴定、周期核查等方法将需维修整合、更新整治资产作为延寿的重点资产，初步估算投入维修成本和整治投资规模。

（二）跨地市调拨

为提高整合物资使用效率，河南分公司打通资管系统中的跨地市调拨流程，探索建立拆旧物资跨地市调拨平台，实现了整合资产的可视、可选、可用（见图 2 – 8），实现了全量回收、全量利旧，引导地市公司探索资产整合中心功能外延，建立闭环管理制度。2021 年跨地市调拨 130 台设备，提升了利旧效率。

图 2-8　跨地市调拨平台

河南分公司为便于铁塔利旧，采购了铁塔拆除—安装一体化服务，避免了铁塔拆除和利旧再安装两张皮的问题，保证了可利旧铁塔拆除后能够全量利旧。以某地市公司为例，该公司实现了拆旧物资全量回收，重点关注非卡片类高价值资产（综合柜、整流模块、铜缆、地线、电池线、铜排等），提高资产利旧率，2021 年节省开支 42.03 万元；从报废铁塔上拆除支臂抱杆，进行挑选、除锈、刷防锈漆等处理后再利用，节约了年度投资额。

（三）维修整合利旧

第一，通过一级和二级鉴定，结合维护修理及更新改造管理办法，将逾龄资产分为三类，即简单修理、大修、替换。

第二，明确各类修理费用的使用范围和实施条件。简单修理优先使用维保费，再使用单次修理费；大修使用单次修理费；更新改造替换使用维护类投资。

第三，对于需要大修的资产，在开展拼插整合前进行前评估；对于维修整合后的资产，开展后评价，进行三级鉴定，保障维修整合后资产的效益可行性。

前评估：比较整合成本与新采购价格、新增年折旧，输出整合结论，展示效益情况；对开展拼插整合的资产积累清单级数据沉淀及站址档案。

后评价：批量输出批量物资的整合效益；校验签订的维修价格的合理性；对不符合经济效益的资产维修价格、质保期、维修后的质量约束进行调整。

（四）智能化维护手段

河南分公司在维护智能化工作中重点推进了智能化巡检，经试点运营总结，改变了传统简单粗放的巡检方式，实现了以下目标：①精准派单、精准整治，减少重复上站，提高运营效率；②降低维护成本，防范应修未修、套取维修费用等风险；③对工程设计勘察提供远程支持。河南分公司智能巡检流程如图2-9所示。

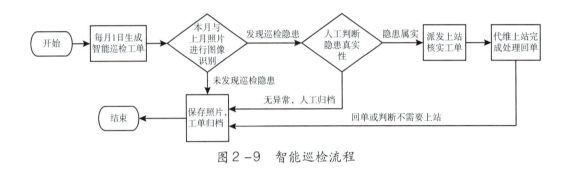

图2-9 智能巡检流程

三、工作成效

（一）整合利旧成效

2021年整合设备4288台，为2020年的2.9倍，利旧价值3909万元，为2020年的7.2倍；集中维修模块3.9万块，节约成本605万元；通过电池检测中心利旧电池7048组，利旧价值9162万元。河南分公司持续提升站址资产利用率，实现了站址资产保值增值。

（二）拼插整合成效

2021年，河南分公司对逾龄资产、拆站资产、工程退网资产等开展拼插整合利旧工作，全年整体拆解资产6036台，净值278.12万元，配套资产成新率<10%；拆解后整合利旧资产3043台，综合整合利旧率51%，空调、开关电源、配电箱整合利旧率达到61%。

第三节
集约高效的资金收支两条线零余额管理模式

作为资金密集型企业，中国铁塔的资金管控是风险管理中的重要环节。针对公司资金往来量大、次数多的特点，中国铁塔坚持集中统一管理，按照"收入实时上划、支出实时透支、自动补足、零余额"的收支两条线管理模式，搭建一级架构的资金管理系统和集团内统一的资金集中管理平台，实现筹融资总部统一管理，以及营收款项的实时归集和支出实时透支拨付，最大限度集中资金和减少人工操作，降低资金占用成本，提高资金运营效率和效益，有效防范资金风险。

一、"自动型零余额"的资金管理模式

中国铁塔的"自动型零余额"资金管理体系主要具备以下几方面特点：

第一，银行账户的集中管理。各级分公司所有银行账户的开立、变更、撤销均需总部审批后办理并纳入统一管理。

第二，收入支出的零余额管理。各级分公司应收款项及时缴入收入专户，总部自动划转、实时清零；各级分公司支出透支专户只支不收、透支使用、实时清零，严格区分支出专户，不得串户使用。

第三，资金计划的统筹管理。总部对各级分公司实行"年度预算管控、月度计划拨付"，各级分公司根据年度资金预算，按月编制资金计划，总部核定各省分公司支出账户的次月透支额度，各省分公司分配所属各地市分公司支出账户透支额度，分别在网上银行进行设定。

第四，筹融资的统一管理。总部结合资金使用情况以及月度资金计划实施筹融资的统一管理，并根据实际资金占用情况将融资产生的资金成本分摊至各省分公司。

中国铁塔"自动型零余额"的资金管理模式如图 2 – 10 所示。

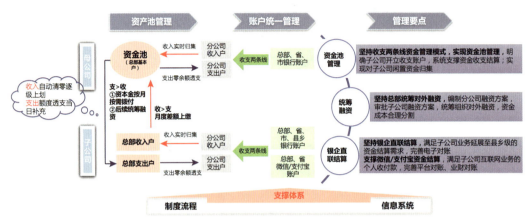

图 2 – 10 "自动型零余额"的资金管理模式

二、总部一点结算，资金低成本、低风险高效集中管控

中国铁塔采用总部集中支付模式，各分子公司统一通过"在线"电商平台下订单，总部商务合作部统一对账、统一报账、统一进行资金稽核结算，通过银企直联统一完成付款。具体做法是：从项目经理在项目管理系统（PMS）立项、工程设计及设计清单导入电商平台，到商务合作岗勾选下单、地市公司项目经理收货验收，工程财务系统自动完成会计核算，商务合作岗和区域经理完成财务报账的业务稽核，电商平台自动汇总生成结算单并通知供应商开票，地市公司财务人员发票认证及工程会计财务稽核，再到总部结算支付的审核、复核及资金支付，实现了运营物资属地业务管理和业务财务稽核与总部一点支付结算的闭环管理。

第四节
网络集中的财务共享模式

在传统的会计信息处理流程下，财务人员需要根据已经发生的业务活动进行事后核算和监督。会计信息按照经济业务、会计凭证到会计账簿的处理流程形成财务报表。从经济业务发生到会计信息生成并反馈给管理层需要较长的时间。而在业财融合的条件下，通过信息化的技术手段，常规业务可以进行自动化会计核算，会计信息实时生成、实时反馈，业务信息与财务信息网络化并实时共享。对于大型企业集团，高层管理者可以随时掌控公司业务一线的进展情况，减少信息在不同管理层级之间逐层传递过程中存在的时间偏差、空间偏差、沟通偏差。

考虑到公司资产量大且分散、人员少、业务同质化高等特点，中国铁塔没有采取传统的人员集中的财务共享方式，而是采用网络集中、分散操作的方式，通过"业务财务一体化、会计核算自动化"，实现总部一点关账、一点出报、一点结算、一点支付，打造全新的财务共享模式，支撑财务人员"走出办公室"，主动融入业务，将财务职能通过流程和系统渗透到业务管理领域，在规范中支撑业务发展，在服务中强化价值管理。

一、业务财务一体化

财务主动向业务侧延伸，将财务规则融入业务规则，将财务规范融入业务流程，将 CRM 系统、物业系统、电费系统、运维监控系统、PMS 系统等传统意义上的单纯业务系统打造为业财融合系统，收入、场租、电费、维护费、工程项目等业务明细同时作为财务明细账，财务系统仅记录总账，业务人员在业务系统操作完毕，业务明细和财务明细数据自动同步生成，业务数据和财务数据天然一致，实现了业务财务一体化和会计核算自动化。中国铁塔的核算系统依托网络和业财一体的流程，逐步走向自动化核算，实现一套制度、一个流程、一套标准、一个系统、一本账、一套表。由总部一点集中向 388 个地市分公司推送报表，有效支撑公司高效、集约化运营（见图 2 – 11）。

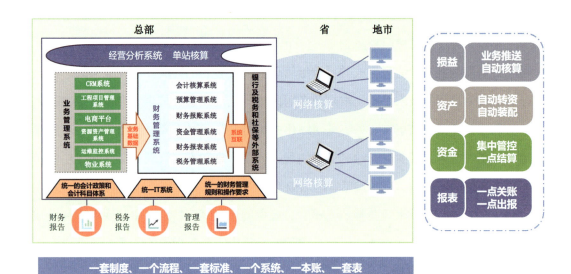

图 2 – 11　逻辑集中的财务共享模式

二、会计核算自动化

如图 2 – 12 所示，通过统一的会计政策和会计科目体系、一级架构的 IT 系统，建立横向协同化、纵向专业化、分类分级操作的核算组织模式，围绕逻辑集中、网络核算、数据共享的建设目标，设计分业务分场景的系统核算模板，打通业务系统和财务系统，建成了逻辑集中的会计核算自动化体系，一点出报，统一推送给各省、地市分公司，保证数据口径的一致性和数据的准确性。会计核算自动化减少了财务人员手工操作，提高了工作效率，促进了会计核算工作的标准化和规范化，杜绝了人为调节，保证了会计核算及相关财务数据的准确可靠。

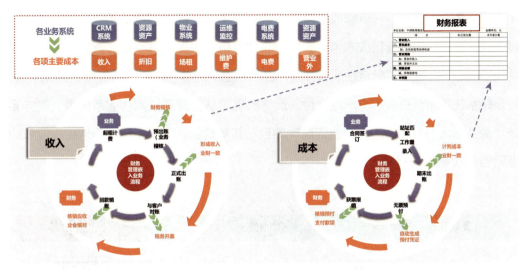

图 2 - 12　会计核算自动化

(一) 收入与营业款核算自动化

公司通过客户关系管理系统（CRM 系统）与财务核算系统之间的数据对接共享，实现营业收入与营业款收回的自动核算。收入确认核算自动化主要的流程为：每月先由 CRM 系统根据客户的起租计费方式预出账，经业务审核、财务审核无误后正式出账，然后将收入数据通过系统接口传送至财务核算系统的应收模块，财务核算系统根据核算规则将业务数据转换为核算凭证，自动生成各地市应收及收入凭证传至总账。营业款收回核算的自动化流程主要包括：由 CRM 系统出具客户结算清单，经客户确认后，向客户开具发票并通知客户付款；通过资金系统查询确认客户回款，然后由资金系统先推送结算款至应收模块记入预收，再推送至 CRM 系统，由客户经理在 CRM 系统进行应收款项核销，CRM 系统再自动传送核销数据至财务核算系统的应收模块，由出纳在应收模块核销应收账款，生成收款核销凭证至总账（见图 2 - 13）。

(二) 场地租金核算自动化

场地租金成本是中国铁塔的重要成本之一，其自动化核算是通过合同系统、物业系统与财务系统的数据对接和推送实现的。场地租金成本原始信息统一来自合同系统，由合同系统一点录入、一点修改。合同系统将场租信息推送至物业系统，物业系统根据合同信息自动生成场租成本卡片，同时，按月自动根据合同金额、合同期限生成月度场租金额，并准确匹配至站址和合同，自动推送至财务系统。付款由物业系统发起，经报账系统传递至资金系统一点支付，最终实现了从合同系统到物业系统再到财务系统"源头录入、自动传递、刚性管理"的自动核算机制，真正实现了场地租金业务的业财融合（见图2-14）。

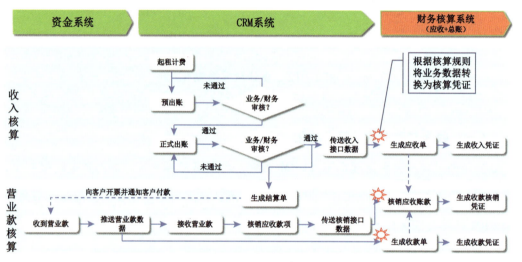

图 2-13　收入核算自动化

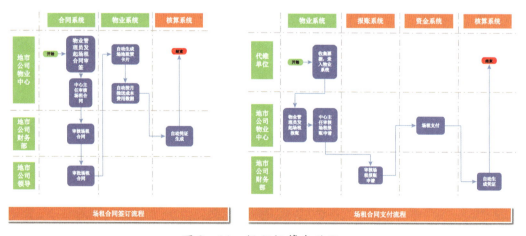

图 2-14　场租核算自动化

（三）工程项目自动核算

工程项目自动核算和转资在通信企业尚无先例，是中国铁塔落实资产运营管理取得的重要成果。自动核算和转资的业务前提是工程模块化、商城采购及订单管理，同时通过系统固化的校验规则倒逼工程设计、采购、实施和验收的规范化，从而实现了"财务支撑合理的业务需求、业务满足财务管理要求"，推进了业财深度融合。

公司通过"互联网＋模块化"方式管理工程建设项目。模块化是为了实现物资和服务全部标准化，具体方式是将项目统一划分为塔桅、塔基等产品模块，并在各模块下给出各子模块的名称、工作内容、计量单位及基准价格等标准化格式和内容，据此开展线上采购等管理工作。结合"在线商务平台"进行统一采购，控制项目工程的采购质量和造价。两者相结合有助于提升对项目质量、进度、造价三大要素的管理能力。

公司通过"在线商务平台"，实现工程项目采购订单全部数字化，通过构建全系统统一的物资服务编码，实现全部物资和服务与账面资产的对应，在此基础上，统一工程项目核算、装配、转入固定资产等自动化规则，从而实现了全部工程项目自动核算（见图 2 – 15）。

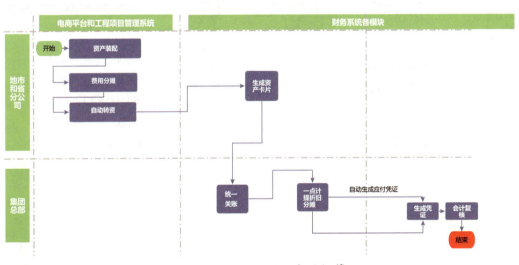

图 2 – 15　工程项目自动核算

三、小总部支撑大生产，小财务支撑大业务

中国铁塔聚焦价值管理和数字化运营，将业财一体化、核算自动化、管理集约化有机结合。截至 2021 年底，公司总部不足 150 人，总部财务部 25 人，服务支撑 388 个地市分公司、2000 多个区域班组、3000 多亿元资产，人均管理塔数 106 座，远高于全球同行业的其他公司（见图 2 – 16、图 2 – 17）。公司通过数字化运营及财务共享模式实现"小总部支撑大生产""小财务支撑大业务"。

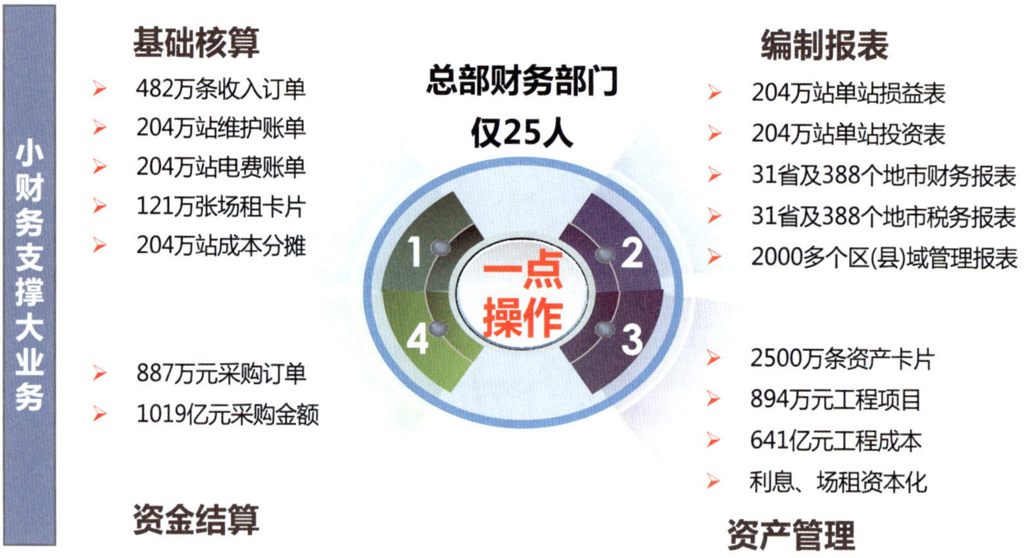

图 2 – 16　小财务支撑大业务

小财务支撑大业务

基础核算
- 482万条收入订单
- 204万站维护账单
- 204万站电费账单
- 121万张场租卡片
- 204万站成本分摊

- 887万元采购订单
- 1019亿元采购金额

资金结算

总部财务部门仅25人

一点操作

编制报表
- 204万站单站损益表
- 204万站单站投资表
- 31省及388个地市财务报表
- 31省及388个地市税务报表
- 2000多个区(县)域管理报表

- 2500万条资产卡片
- 894万元工程项目
- 641亿元工程成本
- 利息、场租资本化

资产管理

图 2-17　人均管理铁塔数远高于国际同行

【案例 2-3】

山东分公司：智慧电费管理

山东分公司坚持业财融合，发挥财务专业优势，将财务理念融入业务生产第一界面，构建智慧电费解决方案，彻底解决"转供电"这一长期困扰一线的难点，打造出业财一体化的闭环业财管理流程，实现了业务和财务的高度融合。

一、实施背景

公司层面：第一，站址多：山东分公司转供电站址多达 3.6 万，报销单次达 81 万多次；第二，金额大：年转供电费支出达 8.5 亿元；第三，全流程信息化难：智能电表不能解决分割单的无纸化、业财数据稽核的信息化问题。

业财执行层面：第一，数据散。一是系统多：合同系统、物业系统、财务报账等需要在多系统录入；二是稽核难：稽核纸质附件是否重复报账、发票复印件是否为该站址等难识别；三是周期长：抄表周期无法确定、纸质附件与影像难以实时传递。第二，风险高。一是票据杂：多种多样，或存在虚假票据等现象；二是层级多：纸质单据逐级移交、过程繁多，易丢失或替换；三是源头乱：抄表照片是否为该站址、是否为虚假票据等难识别。第三，效率低。一是数量大：每月需索取附件、整理附件、发起报账、稽核单据；二是频次高：每月需逐站报账、稽核、审批。

客户层面：传统的电费核算管理方式导致抄表数据不准确、抄表周期不规范、分割金额不精确、争议场景难还原等问题。

财务如何发挥专业优势，支撑一线解难题，如数据准确性，解放劳动力，如何解决一直困扰通信行业的转供电费发票等问题。

二、主要措施

第一，设计转供电业财一体化全业务管理流程，聚焦痛点重构转供电费管理体系，设计"自动抄表"＋"电子票据"＋"业主认证"、"电子签名"＋"数据平台"＋"服务监督"的智慧转供电管理模式，实现从抄表到支付的全流程数字化管理。

第二，用物联网电表实现基础数据交互，将基站电表替换为智能电表，实现供电数据的远程抄表和波动实时预警，从源头解决抄表不规范、不及时、不准确的问题。

第三，创新开发业主线上即时交互程序，将业主交互由线下低效交互变革为线上实时管理，打通业主的实名认证及电子签名的通道，嵌入客户服务体系，实现业主与企业的实时互联。

第四，创新原始票据数字电子化变革，在业务管理环节嵌入财务核算规范性管理要求，整合电量数据等信息周期性自动生成电子收据，通过企业版微信公众号定期自动推送至业主，业主输入密码在线确认后自动生成电子签章版电子凭证，将纸质收据和分割单整合为一。

第五，搭建管理平台实现智慧管理，解决数据整合、自动稽核、档案存储问题，实现业主和税务侧核算管理的全量信息化，进而把财务和业务人员从烦琐的低层次重复操作和低效工作中解放出来。

三、工作成效

（一）源头规范实现四个100％

通过智慧转供电管理，财务真正做到了融入业务发展，电表数据，一点抄表，全量可控，抄表数据100％准确，支付及时率100％；业主也可在线通过客服实时闭环解决问题，100％杜绝抄表照片造假等不合规现象，实现了100％回款。

（二）数字应用实现七个减少

通过业务集中、专业分工、流程合并等，不断提高工作效率，代维上站次数减少70余万次，整体工作量减少20％以上，减少业主协调工作量50％，减少电费管理员30％的工作量，核算工作量减少50％，原始凭证减少70％，审批次数减少50％，整体效率大大提升。

（三）智慧管理实现六个满意

一是业主满意，业主零打扰，电费支付压缩到 1~2 个工作日；二是客户满意，抄表数据 100% 准确、分摊数据 100% 准确、审计零风险；三是合作伙伴满意，代维上站工作量减少 20%，基本杜绝缴费不及时导致的断站；四是税务满意，用电依据充分、税务监管便利，100% 的基站电费可视、可管、可信；五是公司满意，基础管理水平提高、转供电电费实现当月回款，提高电费回款及时率、争议电费减少 90% 以上；六是一线员工满意，工作效率大幅提高，财务稽核、电费报账减少 50% 的工作量，减少 50% 的原始凭证，维护人员减少与电信企业核对电费、协调回款 50% 以上工作量。

第三章

"价值＋数字"驱动型管理会计的
能力演绎——价值管理

基于公司一体化管理平台和业财融合的管理环境，中国铁塔结合自身经营特点和管理需求，积极创新管理会计工具，探索单站核算、对标评价、自主预算等管理手段，在精益运营的基础上寻找价值管理方法。同时公司在价值地图的指引下，梳理业务场景，寻找价值提升关键点，分析管控需求，融合应用多种管理工具，努力提升公司价值。

第一节
搭建单站核算体系，精准支撑运营管理

  划小核算单元是近年来许多大型企业不断探索的一项新思路，旨在通过提高精细化管理水平加强内部控制与管理，基于细化责任中心，在资源配置与效能利用等方面建立标准、发现差距、挖掘潜能，从而提高企业整体的管理水平和运营能力。单站核算体系就是划小核算单元与中国铁塔经营实际相结合的产物。单站核算不仅仅是精细化核算方法，更是公司整合应用多种管理工具、精准支撑运营管理、推动企业战略发展的重要抓手。

一、业务源头单站核算，铁塔特色管理会计

  中国铁塔站址资源既是运营的核心单元，也是收入、成本归集的最小单元，天然具有划小核算单元的可行性。中国铁塔以数字化运营为基础，将管理会计理念融入生产运营中，提出"单站核算、精细管控"的管理要求，构建基于单站核算的管理会计体系，即主要基于业务系统和财务系统的对接，以物理站址准确归集资产、收入、成本，把业务系统和财务系统的收入、场租、折旧、电费、维护修理费等数据直接对应到每个站址，把人力成本、管理费用等间接费用按设置的规则统一分摊，结合公共数据库中的站址信息，经营分析系统整合展现，形成经营分析数据库中的单站基础信息、单站造价、单站收入、单站成本和单站利润（见图 3 - 1）。

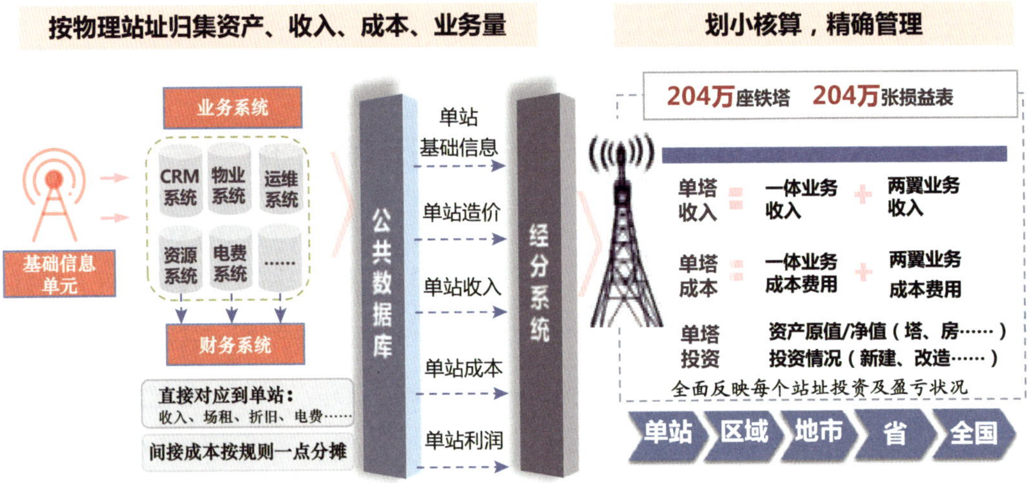

图 3 - 1　单站核算报表系统设计

二、一站一表全景展现单站画像，逐塔出具诊断书

基于经营分析系统数据展现能力，建立单站核算报表应用系统，通过对单站各类指标进行比较、分类、归档、分析、评价，进行单站损益全口径核算与评价，实现一个站址一张损益表、一个经营责任人一张损益表、一个经营主体一张损益表，全面反映每个站址投资及盈亏情况（见图 3 - 2）。

单站核算通过对单站各类指标进行分类、分档、分区比较，对相同类别的站点进行分析、评价，通过投资成本、收入、成本、毛利率等指标的分析，反映出每一个站点的投资建设、运营管理能力，通过对标能够极大地鼓励先进、鞭策后进，从而有效增强公司运营管理能力，使公司整体投入产出水平和价值获得显著提升。

单站核算主要功能有：通过报表工具快速提取各类业务数据进行站址投资、站址收入、站址成本、站址利润等多维度的数据分析；采用仪表盘形式实现数据的可视化展现，实时展示单站各类数据和关键业务指标；以经济责任主体为对象，建立专题分析模块，从不同应用目的入手支撑单站数据的深入挖掘和分析应用。

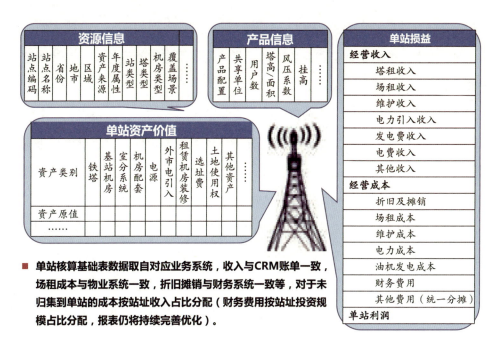

■ 单站核算基础表数据取自对应业务系统，收入与CRM账单一致，场租成本与物业系统一致，折旧摊销与财务系统一致等，对于未归集到单站的成本按站址收入占比分配（财务费用按站址投资规模占比分配，报表仍将持续完善优化）。

图 3-2　单站核算功能示意

三、以单站核算为中心，精准支撑运营管理

单站核算是中国铁塔精细管理的重要手段。

一是支撑"一体两翼"业务拓展。单站核算体系以单站址为最小颗粒度，全面反映每个站址的能力余缺和效益水平，为业务部门的商务定价、项目评估、资源能力分析调度等工作提供数据支持，支撑公司深化资源共享，拓展"一体两翼"业务。

二是定位问题督导改进。各分公司通过细化单站造价、场租、维护费项目透视业务开展成效，借此督导业务部门规范和改善业务管理，同时依托对标管理，建立投资标杆和成本定额，聚焦收支倒挂、收支不匹配、单站亏损等异常站址，摸清差距，找到短板，促进价值提升。

首先是建立投资标杆：先按一定标准划分档级，通过档内建立标杆，同档建造成本不得高于标杆，有效控制投资建设成本。

其次是建立成本定额：通过对同一区域、同一产品类型的站址运营成本的分析和归纳，对代维费、维修费、电费、场租等运营费用采用定额管理方式，有效管控运行维护成本。

三是支撑绩效考核管理。单站核算系统能够出具"一站一张损益表、一个经营责任人一张损益表、一个经营主体一张损益表"和各类相关指标及综合分析结果等，通过损益责任到人，有效支撑绩效考核管理，落实经营主体责任，并结合标杆管理，帮助各个责任主体互相促进，持续提升单站效益。

单站核算的相关指标能直接成为各级责任单位和业务人员的考核指标。如毛利率、投入产出等综合指标可作为区域、地市和省级分公司各管理层级的考核指标；区域损益表可以用来考核区域相关人员，单站建设成本指标可以考核工程建设人员，单站收入指标可以考核市场管理人员，单站运营成本指标可以考核运营维护人员等。单站核算的综合分析结果可以成为各管理层级的考核指标。

四是支撑决策管理。单站分析基于单站核算基础数据，以毛利分析为目标，实现收入、成本结构的动态跟踪，全面、系统、客观透视围绕单站址的建设和运营能力，根据不同层级管理人员的需要，出具基础报表分析、专题分析及整合性较强的管理决策分析，为公司不同层级的经营决策提供支撑（见图3-3）。

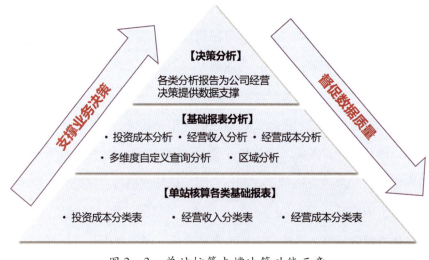

图 3-3　单站核算支撑决策功能示意

四、深入探索单项目核算体系，夯实数据支撑能力

单项目核算是基于单站核算思想而针对两翼项目构建的核算体系，其主要基于两翼业务系统和财务系统的对接，为两翼项目准确归集资产、收入、成本，把业务系统和财务系统的收入、折旧、电费、维修费等数据直接对应到单项目，形成单项目基础信息、单项目造价、单项目收入、单项目成本和单项目利润。

中国铁塔单项目核算与建筑施工企业及电信企业单项目核算的区别如下：

一是内容完整。中国铁塔的单项目核算是对项目资产全生命周期的核算，不仅包括建设成本，还包括后期运营成本。建筑施工企业单项目核算仅归集项目的建设成本，而无后续运营成本。电信企业单项目核算只归集项目的建设成本，不将后续运营成本直接对应到单项目。

二是动态展现。中国铁塔的单项目核算能够对不同期间的损益情况进行归集，能动态透视单项目的盈利能力，为公司两翼业务经营策略提供支撑。

除此之外，通过单项目损益报表与项目经理的绩效关联，实现项目经理收入、毛利的在线动态排名，从而激发其工作的积极性、主动性和创造性。

【案例 3-1】

浙江分公司：搭建平台，助力一线，深化单站核算应用支撑

一、实施背景

单站核算作为公司创立初期既定的核算方针，日益成为公司经营管理的基础，为日常经营决策、效益核算等提供了数据支撑，已能基本满足日常生产需要。随着各层级管理精细程度加深，大数据分析计算能力、深层数据挖掘能力、全流程数据整合能力日益成为加强精细管理的有效保证，单站核算深化应用空间随之出现。

二、实施内容

浙江分公司以单站核算表为基础，以日常生产需求为目标，深化落实总部管理会计思路，开展了区域经营分析、单站档案库、站址病历、问题站址整改流程、资源资产管控等方面的创新实践，开发了数据管理平台展示固化，纳入总部统一管理，设计思路如图 3 –4 所示。

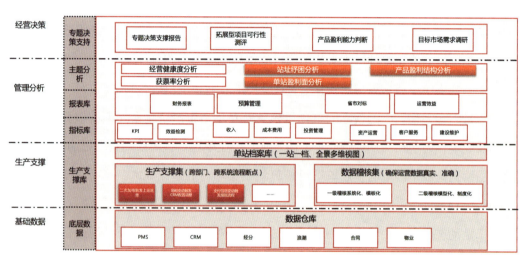

图 3 –4　单站数据管理平台设计思路

主要应用如下：

（一）区域经营分析

通过后台系统计算分析，自动出具区域经营分析报告见图 3 –5。以杭州为例，各区域分析信息主动推送区域管理人员，提升其对区域经营业绩及管理问题的认知度，同时，免去了大量的人工计算整理，提高了时效性。

根据需求，区分两个维度（区域维度、市公司维度）、四项分类（经营效益分析、风险管控分析、业务发展分析、资产效益分析）、十六个细化指标作为区域经营分析的内容，有效支撑区域经营管理。

图3-5 区域经营分析报告

（二）单站档案库

基于单站核算表，融合 PMS、CRM、物业系统、浪潮系统等多个业务平台的关键信息，搭建了较为完善的单站档案库，既能满足生产需要，同时也可以将损益信息进行跨期展示，能充分反映站址的经营情况（见图3-6）。

图3-6 单站档案库页面展示

（三）站址病历

定期梳理问题站址，跟踪处理过程，并通过站址病历的形式将其固化在系统中。站址病历的管理主要可以达到以下管理目标：区域办事处可以知道所属区域问题站址的总体情况，业务部门能够了解某类站址问题的分布、以往的原因，数据管理部门可以掌握处理过程、当前处理状态等（见图3－7）。

问题病例站址清单

序号	地市	区县	站址编码*	站址名称*	维护状态	资产来源	年度属性	站址类型	塔型	站址存在的问题
1	杭州市	余杭区	330110500010002850	塘埠南 [档案]	在建	--	新增	铁塔类	--	场租不合格
2	杭州市	余杭区	330110500010002899	余杭南范NR [档案]	在建	--	新增	铁塔类	--	场租不合格
3	杭州市	淳安县	330127500000001574	凤凰山隧道2下-杭黄专项 [档案]	在网	自建	存量	铁塔类	地面支撑杆	已内验长期未交付起租订单
4	杭州市	富阳区	330183500000001812	东山隧道2_上-杭黄专项 [档案]	在网	自建	存量	铁塔类	H杆塔	已内验长期未交付起租订单
5	杭州市	余杭区	330110908000000237	余杭康贤-2 [档案]	待注销	注入	存量	铁塔类	楼面角钢塔	已拆站未销账站点
6	杭州市	富阳区	330183500000001876	富阳场口镇搬迁 [档案]	在网	自建	存量	铁塔类	仿生树	已内验长期未交付起租订单
7	杭州市	富阳区	330183500000001967	富阳东洲莱蒙水榭山 [档案]	在建	自建	新增	铁塔类	仿生树	维护费有支无收
8	杭州市	富阳区	330183500010002093	富阳高桥骆家岭 [档案]	在建	--	--	铁塔类	--	场租不合格
9	杭州市	淳安县	330127700000237586	淳安汾口湛川 [档案]	在网	注入	--	铁塔类	水泥杆塔	塔租不合格
10	杭州市	淳安县	330127908000000027	淳安屏门 [档案]	在网	注入	存量	铁塔类	楼面增高架	已内验长期未交付起租订单
11	杭州市	淳安县	330127908000000059	淳安金竹牌大桥 [档案]	在网	注入	存量	铁塔类	简易落地塔	场租不合格
12	杭州市	萧山区	330109500000002375	萧山红山西LY红垦四号坝信源池搬迁 [档案]	在网	自建	新增	铁塔类	楼面拉线塔	塔租不合格 维护费有支无收 已内验长期未交付起租订单
13	杭州市	萧山区	330109500000002434	萧山河庄旭阳针织西 [档案]	在网	自建	存量	铁塔类	楼面抱杆	已内验长期未交付起租订单
14	杭州市	富阳区	330183908000000329	富阳花坞嘉苑 [档案]	在网	注入	存量	铁塔类	楼面支撑杆	场租不合格
15	杭州市	余杭区	330110908000000252	余杭杭宁城际南庄桥东拉远 [档案]	在网	自建	存量	铁塔类	单管塔	已内验长期未交付起租订单

图3－7　站址病历

（四）问题站址整改流程

收集经分合规性清单及各类稽核清单，归纳整理数据稽核库，将问题分类展示，通过固化处理流程引导相关责任人进行问题处理。为提高整改效率，进一步建立两项制度，制定整改处理流程，并在系统中予以固化进行跟踪督办。

1. 问题整改制度

通过搭建稽核模型、制定定期稽核和专家会审制度、确定整改反馈流程，对整改情况进行跟踪和后评估，提高整改效率和效果。

2. 财务支撑制度

财务部门建立支撑制度，要求做到"一人一区域、一月一现场、一会一方案"，达到财务人员协同区域工作人员现场解决问题、问题解决以点带面的效果。

三、实施效果

一是区域经营分析报告。各层面反馈情况积极，提升了区域办事处人员对所属区域的经营情况了解程度。

二是单站档案库累计查询次数超 3000 次，大大提升了一线生产人员的工作效率，成为目前基层人员的常态化使用工具。

三是通过对问题站址的流程固化，提高了整改效率。

今后，浙江公司将进一步向全省推广该实践经验，并将内容进行延伸，如增加对业务系统预警功能（如场租续签预警、电费异常预警等）、完善业务流程制度、实现流程断点衔接跟踪等。

【案例 3 - 2】

重庆分公司：以单站核算为抓手，补短板增效益

一、实施背景

随着公司经营规模的扩大，精细化管理的手段和系统方法的单一与公司发展不匹配。在发现问题的方式上，以前多采用以整体结果呈现的好坏作为发现问题的主要方式，且发现问题后无法快速锁定问题清单，落地整改难；在关键经营指标或风险管控指标上，各业务部门的关注焦点不同，耗费大量人力和物力，影响决策。

针对上述问题，重庆分公司从全业务管理流程着手，通过搭建指标体系、设置问题清单等管理会计手段将公司全业务连接起来，从而使管理会计贯穿公司经营全过程，支持业务发展，助力精细化管理。

二、主要措施

第一，梳理流程，建单站指标体系。利用作业成本法原理，对公司经营的业务流程进行梳理，将

全业务全流程划分为既独立又相互联系的单个作业。

第二，设置标杆，全业务异常告警。推行标杆管理，测算单站标准造价、单站选址标准、单站发电时长等各类业务标杆值，设置警戒线，每月将单站各业务与设置的警戒线比对，对低于标杆值的指标和单站盈亏等情况做告警提示，同时采用动态、静态比较法对经营过程中出现的问题进行深入分析并找出可能的原因，以帮助决策者做出准确判断。

第三，建立清单，业财联动出效益。建立问题站址清单，对异常指标展开分析，通过本量利分析、边际效益分析、敏感性分析等，找到影响问题站址亏损或业务效益欠佳的敏感性因素及问题，与业务部门充分联动、提出方案、解决问题。

三、工作成效

（一）优化选址费管理，节约投资

利用单站核算系统提供的选址费异常问题清单，通过查阅相关文件政策，找出前期选址费管理办法过渡期政策漏洞，业财联动开展全面清查，停止不合理投资，节约选址费投资 1000 万元，2017 年注入站址选址费比例下降 49%。

（二）精准投资，夯实成本

通过匹配单站亏损、单站造价偏离标准造价的站址，发现部分改造项目设计、监理费高于新建项目。重庆分公司组织业财联动在全市进行排查，发现同一站址多次发生改造且存在重复计取设计费、监理费的情况。经过将项目前置设计评估与单站核算损益表后评价相结合、对设计监理取费标准与方式进行优化，2017 年全市单项目设计、监理费较 2016 年下降了 38%。

（三）提高单站信息精准度，提升收入和代垫电费的签认及回款率

利用单站核算系统匹配单站亏损清单，对租户增加收入减少的站址进行原因分析，还原准确可比口径，将系统原因差错、起租信息差错、站址绑定差错等站址进行调整。2017 年重庆分公司对错误订单进行追溯调整，追回收入 145 万元。

重庆分公司：两翼单项目管理，支撑两翼业务高质量发展

一、实施背景

公司"一体两翼"战略实施背景下，两翼业务形态多样，市场化竞争充分，对业务人员和财务人员都提出了更高的要求。财务需要积极参与，主动作为，在售前、售中和售后环节全流程主动介入，推动单项目管理，支撑两翼业务高质量发展，控风险、盯效益、促发展。

二、主要措施

（一）建立标准化评价模型

根据两翼业务特点，建立项目事前标准化评估模型，需要填写项目投资、收入、运营年限、运营成本（场租、电费、维护、技术服务等）、期间费用（财务费用等），模型自动计算项目效益，通过项目毛利率、财务净现值、静态投资回收期等指标对项目财务可行性进行评价（见图 3-8）。

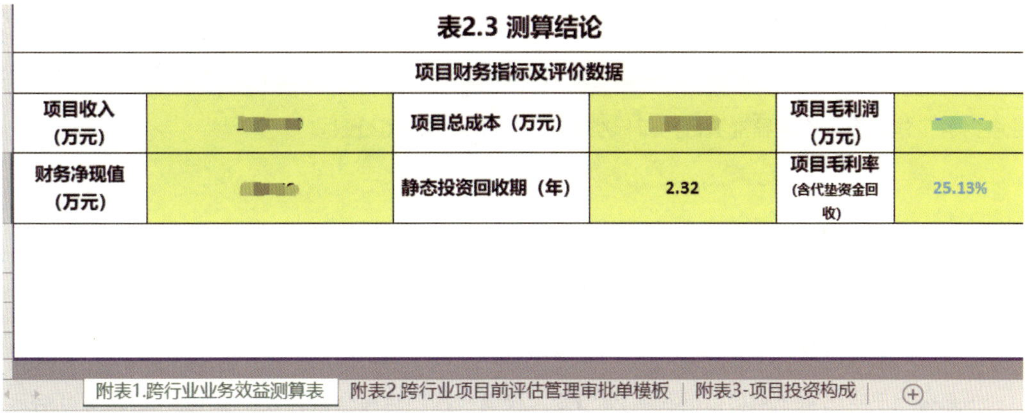

表2.3 测算结论

项目财务指标及评价数据

项目收入（万元）		项目总成本（万元）		项目毛利润（万元）	
财务净现值（万元）		静态投资回收期（年）	2.32	项目毛利率（含代垫资金回收）	25.13%

附表1.跨行业业务效益测算表　附表2.跨行业项目前评估管理审批单模板　附表3-项目投资构成　⊕

图 3-8　前评估效益测算示例

（二）制定项目财务可行性评价标准和决策流程

按照资源利用、投资模式、产品成熟度及创新性等特征，将两翼项目分为不同类型，分别设置不同的项目财务可行性评价标准和决策流程，例如，A1 类站址租赁项目毛利率不低于 30%；A1 类

（仅代建类、维护类）、A2 类、B1 类项目毛利率均不低于 15%；A1 类、A2 类、B1 类项目中新建投资的静态回收期不应超过合同服务期（最长不超过 5 年）。A1 类项目总支出额度≤200 万元，授权分公司审批；200 万元＜项目总支出额度≤400 万元，需上报市公司项目审批会议审批等。

（三）商机评估、合同谈判和会审

获取商机后，财务人员根据项目业务实质，预判业务类型、计收模式，参与合同财务条款谈判，并根据项目前评估结果对项目进行会审，评估项目收入成本假设、项目效益，结合客户类型和信用评估回款风险等。

（四）建立单项目台账，对项目实施情况进行持续监控

建立分公司两翼业务全流程周期管理台账，从商机获取到项目回款，确定了 22 个关键环节，对每个环节的资料和流程及风险点进行梳理，设置 10 个自动预警风险校验公式，进行项目风险级别判定和预警，如列支及时性预警（漏计或多计成本收入）、项目执行毛利率异常预警（偏离前评估毛利超过警戒值）、回款预警（超合同约定回款期、坏账准备测算）。

（五）项目后评估

依托单项目台账，定期对已完结项目展开后评估，评估内容主要包括经济效益指标完成情况、回款情况、前评估后评价对标分析等，建立两翼业务经典案例库，作为后期两翼业务发展范本。

（六）推广使用及深化应用

目前各地市已基本建立两翼项目全量台账，并完成历史已完结项目后评价。初步厘清省市公司、业务财务工作职责，确定异常项目判断标准及项目评价结果应用机制。

三、工作成效

通过单项目管理标准化流程，使得两翼项目决策有依据、评价有标准、管理有抓手，对两翼业务高质量发展行稳致远有着重要的作用。

一是公司已完结 403 个项目毛利率 25.3%（代建代购项目按全额计收计算毛利率），经过后评估发现成本计提重复、收入少记等异常已经全部完成整改。

二是形成单项目管理全流程体系，2022 年新增项目抽查中，项目前评估符合管理要求且系统数据与线下评估资料一致。

第二节
考核激励牵引，创新自主确定目标的预算管理机制

一、中国铁塔全面预算管理工作体系

中国铁塔成立以来，全面预算工作从无到有，不断完善，目前已经建立起规范、健全的预算管理制度。在预算管理的范围上，公司实行总部、省级分公司和地市级分公司三级全面预算管理体制，通过明确职责、分级管理，强化横向关联责任和上下互动机制，实现预算管理的横向到边、纵向到底。在预算编制上，借助单站核算体系，以物理站址准确归集资产、收入、成本，全面反映每个站址投资及盈亏状况，夯实预算编制基础，为公司价值管理提供精确的数据支持。各级分公司以单站核算为基础，区别存量站址和增量站址分别编制预算。对于存量站址据实编制收入、成本预算；对于增量站址，坚持订单驱动，根据收支配比关系动态配置成本和投资，既保证预算资源对业务发展的及时有效支持，又坚持收支合理匹配的预算管控原则。

二、中国铁塔绩效考核工作制度特点

中国铁塔基于考核激励引导的自主预算机制主要特点如下：

（一）聚焦公司战略目标

以打造国际同行中最具潜力的成长型和价值创造型"两型"企业战略目标为导向，2019 年以后，中国铁塔的考核更具有战略承接性，对原有业务发展及客户服务方面（4 项指标）及经济效益方面（2 项指标）进行简化，进一步突出业务发展和经济效益结果，营业收入增长和资产报酬改善权重各占 50%，其中业务发展类指标与战略目标

中的成长型要求相匹配，经济效益类指标与战略目标中的价值创造型要求相匹配，清晰传递"指挥棒"的战略指引作用（见表3-1）。

表3-1 　　　　　　　　　2019年前后中国铁塔主要绩效考核指标

2018年			2019年及之后		
考核类别	考核指标	分值	考核类别	考核指标	分值
业务发展及客户服务（65分）	收入预算完成率	15分	业务发展（50分）	营业收入增长率	50分
	需求市场获取率	30分		EBITDA率改善	扣分
	塔类站址共享改善率	5分		回款率	扣分
	维护指标综合达标率	15分	经济效益（50分）	资产报酬率改善	50分
经济效益（35分）	利润预算完成率	15分		利润贡献率	加分
	自由现金流贡献率	20分		利润完成差异率	扣分
重点工作事项和内控建设			重点工作事项和内控建设		

（二）突出目标自主确定

2018年之前，公司采用传统的"两上两下"——分公司上报、总部平衡的预算考核管理模式；2018年之后，中国铁塔打破传统预算平衡方法，消除上下博弈的基础，考核制度先于预算编制工作发布，各级分公司在预算编制中试算考核得分，将预算目标与考核结果进行对照，引导分公司自主确定预算目标。

（三）取消预算完成率考核

2019年，公司结合两型企业发展战略目标修改了原有绩效考核制度，取消了经营收入预算完成率和利润预算完成率两个预算目标完成率指标，唯一与预算目标相关联的是利润完成差异率指标，且仅作为扣分项，预算考核从关注目标高低设定转向关注目标预算准确性。

（四）强化绩效考核结果应用

在"经营导向"型的预算考核体系下，中国铁塔进一步强化绩效考核结果应用。通过考核引导、资源激励、人工成本分配等相互关联的激励安排，建立了以经营成果为导向的预算目标引导机制，激励各级分公司自我管理、自我加压。

一是考核结果与领导班子薪酬挂钩。中国铁塔将省分公司年度绩效考核结果与省分公司领导班子年度绩效薪酬挂钩，进一步发挥绩效考核的"指挥棒"作用。

二是考核结果作为干部任用提拔的重要量化评价参考依据。

三是考核结果与分公司工资总额挂钩。通过加大年度绩效考核在省分公司工资总额增量中的挂钩比例，统一价值导向，进一步强化绩效导向的分配机制。

三、基于绩效考核和评价的全面预算管理策略

中国铁塔将预算、考核和激励三者有机结合。打破传统预算考核管理机制，取消预算衔接平衡和预算完成率考核，构建了以战略目标为导向、以绩效考核为手段、以目标自主确定和资源自动配置为核心，以分析评价对标为过程管控方式的全面预算管理机制。

（一）启动战略规划编制

中国铁塔上市后着眼于企业可持续发展和价值提升，全面推进"一体两翼"战略落地。为推动实现"两型企业"的战略目标，公司于2018年启动战略规划编制，明确了未来3~5年收入增长、利润提升、资产报酬率改善等关键目标及实现途径，自上而下传递清晰的市场导向和价值导向，不断加快发展步伐，努力做大、做强、做优中国铁塔。

（二） 制定绩效考核办法

基于长期战略目标确定年度预算总体目标，强化预算管理和绩效考核的紧密结合，在绩效考核中强调发展、突出效益，重点考核营业收入增长率、资产报酬率两项指标，通过科学设计计分规则，在绩效考核体系中嵌入预算目标要求，既保证在分公司间拉开差距，又确保各分公司在获取绩效考核平均得分的同时完成年度预算总体目标，以此牵引和指导预算编制，推进预算管理从"任务主导"向"经营主导"转变。

（三） 优化目标激励机制

公司进一步强化绩效考核结果应用，把考核结果与工资总额、班子考核奖励等密切挂钩，通过考核引导、资源激励、人工成本分配等一系列相互关联的激励安排，建立以经营成果为导向的预算目标引导机制，各级分公司在预算编制中试算考核得分，将预算目标与考核结果进行对照，自主确定预算目标，实现预算目标与考核目标的统一，激励各级分公司自我管理、自我加压。

（四） 建立对标管理评价体系

中国铁塔属地化经营特征明显，通过建设综合评价对标管理平台，以地市分公司为主体开展总部一点对标评价，按月展现投资造价、站均成本、主要收支配比等分公司经营指标和全国先进标杆，支撑各级分公司在预算编制过程中主动对标，找差距、促改善，在对标管理的基础上实事求是追求预算目标的先进性；在预算执行中对照差距，制定改进目标，有效提升运营效益，实现自身业绩和公司整体价值"双提升"。

四、自主预算创新实践的管理基础

要建立目标自主确定的预算管理机制，完善精细的预算基础工作是关键。中国铁塔敢于打破传统，取消对预算完成率的考核，前提是经过五年预算编制的历练，各级分公司熟知预算编制模型和价值创造点，特别是单站核算的信息支撑使总部和各级分公司在预算编制信息的获取上基本对称，容易在基础目标设定上达成一致。全面预算编制的基础工作，包括业务数据的搜集和整理、预算编制模型优化培训、历年管理会计报表加工整合等。加强业财融合、数字化运营，为企业的数据整合提供良好的信息平台，实现穿透管理、信息共享、顺畅沟通，这是中国铁塔能够实现自主预算创新的重要基础。

【案例 3 – 4】

安徽分公司：预算牵引，精益管理，支撑地市公司自主管理

一、实施背景

随着公司内外部环境的变化，预算管理过程中存在的一些不足对管理产生了影响，如省分公司机械地、强制地平衡地市分公司预算目标。地市分公司对全面预算管理认识不足，在预算目标编制过程中过度依赖省分公司，存在与省分公司"博弈、等、靠"的惯性和心理，影响预算牵引和导向作用的发挥，不能有效激发地市分公司经营活力，对公司高质量可持续发展难以形成有力支撑。

二、主要措施

（一）省市分别建立预算编制核心团队，明确考核办法

以预算管理为牵引，着力提升市分公司全面运营管理能力、动因关系理解能力、预算管控能力，真正建立起市分公司"自我管理、自主经营"的运营管理体系。考核制度先于预算编制工作发布，推进预算管理从"任务主导"向"经营主导"转变。

（二）省市分公司背靠背独立编制预算，形成两套预算结果

省市分公司财务部牵头各业务部门编制全省预算，从实际出发进行指标预测和编制，形成省、市两套预算结果，做到预算心中有数。市分公司在预算编制中试算考核得分，将预算目标与考核结果进行对照，推动了市分公司自主预算管理工作的开展。

（三）省市分公司分批次沟通对接，市分公司自主确定预算

省公司引入市分公司横向对比和纵向对比的机制，通过市分公司间和历史期间各指标的对标，引导市分公司找差距促改善，由市分公司自主对指标合理性进行权衡并形成全面预算。

（四）建立执行预警机制，强化预算执行管控

省公司强化预算跟踪分析，定期开展预算执行分析。建立健全部门预算执行预警机制，及时监测并预警各项关键业绩指标的变动趋势。对预算执行过程中出现的偏差进行分析，查找差异原因，开展季度滚动预算，提出改进措施，强化对预算目标实现整体把控。

三、工作成效

（一）提高了全面预算编制的准确性

收入预算编制方面，省、市两级与电信企业提前对接，掌握了电信企业网络建设思路和投资计划安排；省、市信息交互，综合考虑电信企业共享率管控要求、高铁等重点项目、5G 应用等因素，全面、准确预判电信企业一体业务市场规模，确保需求和租户准确。

成本费用预算编制方面，对于场地费、发电费、维护费，固化收支动因模型，引导持续优化，保证预测增幅更准确。

投资预算编制方面，通过审核不同建设场景造价取定依据，确保地市公司预算单价依据充分、准确。

（二）提升了自主管理自主经营能力

利用全面预算编制工具，贯彻了"目标自主确定"的预算原则，推进了地市分公司自主经营、自我管理，激发了地市分公司的主观能动性。

（三）促进了省市两级公司价值提升

2019 年安徽各市分公司在总部的地市公司分级分类评价中名列前茅，安徽公司主要经营指标在全国均排名前列，进一步促进了公司价值的提升。

第三节
深化对标评价工作，业财联动支撑价值管理

中国铁塔拥有 31 个省分公司、388 个地市分公司，分公司之间的业务同质性较高，

省市分公司之间可以进行横向对比，这为公司开展不同层次对标分析提供了重要基础。中国铁塔积极推进公司内部的对标管理，全国 388 个地市分公司一起排名、集体赛马，分析挖掘生产运营当中的价值提升点和风险管控点，通过单站核算，聚焦项目造价、场地租赁管理、更新改造投资、维护修理、电费管理等影响盈亏的关键环节，树立单站标杆、区域标杆、地市标杆和省级标杆，督导业务部门规范和改善运营管理，促进效益提升。

一、建立综合分析模板，定位"价值洼地"和关键驱动因素

中国铁塔的价值管理从分析抓关键、量化定目标开始。为科学确定价值提升目标，中国铁塔建立了"价值分析模板"，指导各分公司科学分析价值提升点、分解确定价值提升要素、量化提升目标（见图 3－9）。

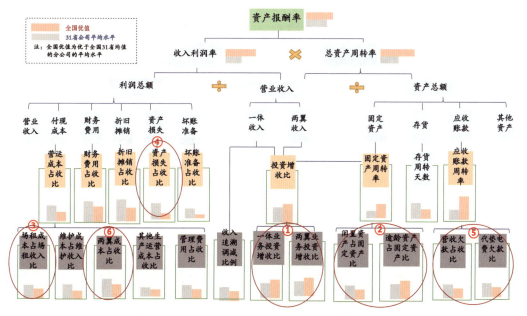

图 3－9　中国铁塔价值提升点综合分析模板

一是确定价值提升点。中国铁塔以资产报酬率为目标，运用杜邦分析方法，综合分析确定价值管理薄弱点。各分公司结合自身情况应用综合分析模板，对标全国先进水平，定位价值"洼地"和努力目标。

二是分解确定价值提升要素。针对杜邦分析确定的价值提升主要指标，筛选出价值提升的主要驱动因素，并按因素分析法确定影响效益的关键要素（见表3-2）。

表3-2　　　　　　　　中国铁塔价值提升因素分析模板

效益提升点	效益提升要素	关键影响因素
收入管理	一体业务户均收入	起租站址场租有支无收比重
		一体业务减收站址比例
		已转资未起租站址情况
		维护有支无收站址比重
	营收欠款占收比	营收欠款占收比
投资管理	经营类资本性支出增收比	平均塔类订单投资（万元）
		室分业务投资增收比
		跨行业务毛利率
		能源业务毛利率
	维护类投资占固定资产原值比	维护类投资占固定资产原值比
	管理类资本性支出占收比	管理类资本性支出占收比
资产管理	资产损失占收比	配套设备损失占比
		资产损失赔补率
	闲置资产占固定资产原值比	在用固定资产创收比
		闲置资产占固定资产原值比
资本管理	其他生产运营成本占收比	车辆使用费占收比
		平均单站监控外包费（元）
		平均单站监控流量费（元）
	场租成本占场租收入比	平均单站场租涨幅
	发电成本占发电收入比	发电成本占发电收入比
	管理费用占收比	管理费用占收比
	代垫电费欠款率	代垫电费欠款率

二、利用价值地图明确关键管控场景，梳理业务举措

价值地图以业务场景、业务诉求、价值空间为维度，寻求价值提升路径。定位关键管控场景需要运用对标管理确定的关键价值指标与业务活动分解相匹配，映射成为公司价值管理的"镜像"，找到存在价值空间的关键管控场景。

围绕价值管理目标，中国铁塔利用价值地图将价值提升要素对应并分解到投资管理、营收管理、资产管理等经营活动全流程。以资产管理为例见表3-3，中国铁塔将经营活动分解为资产进入、资产运营和资产退出三个阶段，将价值提升点与业务活动结合，绘制价值地图，明确关键管控场景。中国铁塔在整个资产全生命周期管理流程中确定了需求承接、采购、工程服务费管理、站址维系、场租管理、电费管理、维护管理、更新改造、资产盘活、拆站赔补、资产报废、资产拍卖12个主要关键管控场景，并找到提升价值的关键业务举措及价值提升空间。

以表3-3中的站址维系为例，其作为资产运营活动的重要组成部分，通过对标发现各省单站维系费差异较大，结合对维系费管控现状进行分析，定位目前站址维系费无明确评价标准和手段等问题，存在价值提升空间，据以确定关键管控场景和针对性业务举措。

表3-3　　　　　　　　利用价值地图确定资产管理关键管控场景

阶段	资产进入			资产运营		
关键场景	需求承接	采购	工程服务费管理	站址维系	场租管理	电费管理
问题	需求承接后未按预期给企业带来应有的投资收益	采购量与库存量不匹配	选址费等费用标准无明确规定，容易造成成本过高	无明确评价标准和手段	存量站址收支倒挂、续签涨幅高、新增站址场租偏高、退出站址场租成本空转	站址电费、电量超高；新增站址起租前电费空转；退出站址电费空转

阶段	资产进入			资产运营		
关键场景	需求承接	采购	工程服务费管理	站址维系	场租管理	电费管理
举措	1. 系统嵌入需求承接可行性预判模型； 2. 建设产品库、配置库； 3. 推进立项评估和采购管理标准化	1. 系统嵌入库存经济存量管理模型； 2. 建立采购与库存管理标准化	1. 分成本细化管理要素，设计管理报表，系统固化，支撑费用支出动态呈现、确定本区域当期标杆价； 2. 建立对超出标杆价上限幅度的审批流程	1. 建立维系费使用跟踪机制； 2. 划分维系等级，明确维系费用上限标准，将管理标准固化入系统	1. 收支倒挂站址推行清单制和新增倒挂站址预警管理机制； 2. 强化场租成本管理标准化推行力度； 3. 强化场租预付管理，针对不同类型业主梳理场租合同模板，夯实赔补依据	1. 逐一摸排直供电，无合理原因的持续提醒；新增异常站址预警。 2. 建立直供电改造投资效益分析模型。 3. 建立不同场景效益最优供电方式选择测算模型
评价指标	投资增收比	社会资源利用率、站均造价		站均维系成本	场租成本占场租收入比	站均电费

阶段	资产运营			资产退出		
关键场景	维护管理	更新改造	资产盘活	拆站赔补	资产报废	资产拍卖
问题	收支倒挂、退出站址成本空转、维修费过高	维修标准不统一，维修成本不合理，维修效果难以评价	闲置资产得不到充分利用，占用资金成本、库存成本	拆站无法得到合理补偿	逾龄资产对未来成本影响不确定	处置金额的合理性；资产处置不及时
举措	1. 收支倒挂站址推行清单制管理和新增倒挂站址预警； 2. 定义不合理维护修理场景，实时预警； 3. 建立供货单位信用管理机制； 4. 明确必须维护设备最低维护标准	更新改造管理标准化前置嵌入系统	1. 闲置盘活流程管理标准化嵌入系统； 2. 在资源系统建立账期概念的基础上将资源资产数据拉齐	站址保有和拆站站址赔补管理标准化嵌入系统，实现赔补测算、回款全过程管理	建立逾龄资产管理评价模型（包括分类逾龄资产使用寿命评价＆分析各年度逾龄资产对投资、成本的影响）	1. 将估列清单与报废资产流程在平台固化； 2. 实现资产处置全流程台账管理
评价指标	维护成本占维护收入比	站均维护投资	零异站址资产占固定资产比	单站赔补收入、站址拆迁率	逾龄资产占固定资产比	闲置资产占固定资产原值比

三、业财联动的价值工作循环

中国铁塔价值管理工作是业财联动的系统工程。在这个系统中，价值地图绘制是定性分析工具，对标评价是量化分析手段，结合绩效考核牵引、自主预算管理的目标激励，多种管理会计方法综合运用，为公司价值创造服务。这一过程不是单一的，而是周而复始地进行，形成了业财联动的价值管理工作循环（见图3－10）。

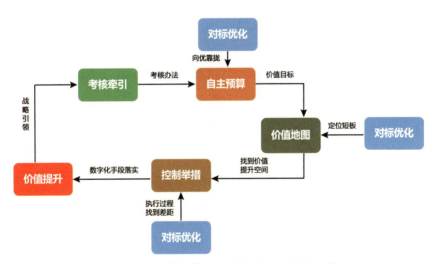

图 3－10　价值管理工具综合运用循环图

首先，依托绩效考核的牵引，引导分公司进行预算自主编制，在预算目标中落实价值提升目标，强化预算管理和对标管理的紧密结合。

其次，将梳理完成的经营活动在公司价值地图上进行展示，实现对资产全生命周期业务活动的整体掌控。通过对业务活动价值和关键价值指标对标结果进行分析，明确关键控制场景和价值提升空间。

最后，分公司参照关键控制场景和对标量化指标制定与关键控制场景相对应的控制措施，在执行过程中与预算目标及标杆指标进行对标，找到执行中存在的问题，达到价值提升的目的。

中国铁塔基于关键价值指标与业务活动的匹配结果，围绕效率改善、效益提升、风险管控、客户体验和数据价值落实业务举措和数字支持，不断推进"价值＋数字"驱动型管理会计的能力拓展。

【案例 3 –5】

辽宁分公司：转型升级强管理，合规运营防风险，助力公司高质量有效益发展

一、实施背景

面对公司转型发展要求，辽宁分公司通过建立全省对标管控机制，重点聚焦投资、成本等管控，通过对标全国均值、优值，"找差距、定措施、促改善"，发现存在以下问题：

问题 1：投资管控需持续提升。投入产出不配比，存在超标、超配建设问题，全省亏损站址1780 个，站均盈利能力尚存提升空间。

问题 2：精益管理水平有待提高。定额对标管理在预算考核中未充分运用，公司非生产类成本费用虽总体控制较好，但地市间差异较大，尚存在压降空间。

二、主要措施

辽宁分公司以问题为导向，确定提质增效的重点指标及改善方向，公司充分发挥管理会计在成本控制当中的作用，通过定额分类管理，将成本费用标准进一步细化，为进行多维度、多角度对标管理提供支撑，促进公司规范管理，提升效益。

为降低目标成本与实际成本之间的差距，实现目标成本，针对公司可压降成本目标进行细化（见表 3 –4）。

表3-4   成本细化

成本项目	细化项目	管控前成本	目标成本
投资成本	美化外罩项目占比	10.92%	5%
	开关电源改造站均造价	×万元/站	×万元/站
	蓄电池改造站均容量	×AH/站	×AH/站
管理费用	办公费人均月费用	×元/月/人	×元/月/人
其他生产运营成本	车辆使用费	×元/站	×元/站

（一）实现投资目标成本的关键措施

公司自主研发业务支撑工具——系统数据联动模板，加强投资效益分析，通过 CRM、PMS、财务三大系统数据联动，汇总项目投资及订单收入，按专业进行费用年化，分析投入产出效益及趋势，并对比同体量不同地市、同地市不同专业、同专业不同需求情况，精准定位站址起租规范性、数据准确性、产品配置合理性及建设投资必要性等问题，建立并完善项目后评估体系。

（二）实现管理费用目标成本的关键措施

管理费用的管控重点为办公费，采用方式为定额管理、上限控制。办公费管理按人进行定额管理，通过梳理过去 1~2 年的历史数据确定本省办公费定额，作为预算编制、过程控制和绩效考评的基础依据。采取对标分析，寻找指标差距。办公用品采购必须在总部商务合作平台进行选取，便于全省对标管理，同时加强每月办公用品申报审核，按照成本定额标准进行管控。采用纵向和横向两种方式进行对标。

（三）实现其他生产运营目标成本的关键措施

车辆管理通过预算控制、数量控制、标准控制，分级归口管控。所有维修与保养的发生遵循"先审批，再实施"原则，严格按保养手册维护保养。通过省内单站车辆使用费对标，对超标准地市进行通报并上报原因及改进措施，同时跟进改善情况。通过不断优化促进全省车辆使用费用下降。

三、工作成效

通过目标成本法对标，公司的相关实际成本得到明显压降。

一是投资成本。2020 年，在总体盈利的前提下，全省亏损站址较管控前下降 4%；全省站均盈利提升 0.09 万元，提升比例 75%。美化外罩项目占比下降 6.4%；开关电源改造站均造价下降

20%；蓄电池改造造价下降 39%。

二是管理费用。2020 年办公费支出较上年下降 29 万元，管理费用占收比处于全国优值。

三是其他生产运营成本。2020 年生产用车辆使用费较上年下降 51 万元，其他生产运营成本处于全国优值。

【案例 3－6】

河南分公司：加强站址拆迁管理，提高资产处置效益

一、实施背景

随着河南郑州、洛阳等高品质城市建设规划的实施以及国际性综合交通枢纽建设的推进，站址被迫拆迁的情况频繁发生。2015～2017 年，拆除数量从 162 个增长到 689 个，报废物资金额从 1279 万元上升到 8108 万元。站址保有已从"非日常经营活动"变为要频繁应对的"经常性"挑战。

站址拆除带来的还有拆旧物资管理难度的增加。以 2017 年为例，拆旧物资数量达 1 万多个，废旧物资对仓储保管、物资处置、利旧复用等都提出较高要求。

二、主要措施

面对站址拆迁带来的一系列问题，河南公司以资产的保值增值、最大化资产价值为出发点，对外争取合理补偿，对内加强资产利旧，严守拆前补偿底线、严防拆中资产流失、严控拆后复建流程三个关键环节，积极发挥财务管理的作用，推动一切工作向价值创造聚焦、一切资源向价值创造流动。

（一）事前：通过两个清单建立站址"履历表"，为预拆除站址"建档"，为获取赔补"摸底"

一是有效利用单站核算工具，360 度全方位展示站址运营情况。

二是清晰还原站址建造成本和资产原值，用数据说话，明确成本。将资源管理系统和财务系统数据紧密结合，借鉴历史搬迁站址赔偿案例，召集业务部门、设计监理人员开展详细商讨，基于市场行情还原重置成本，提供资产原值、资产净值、建卡时间等资产卡片数据，为科学评估拆站损失、争取合理赔补提供坚实有效的数据支持。

（二）事中：利用站址拆除管理模型，明确原则严守赔补底线，为科学决策提供依据

首先，用好站址拆除管理标准化模型，建立损失评估和决策审批机制。从损失、赔补、资产处置三个方面出发，聚焦拆站损失、拆站赔补、拆站资产处理三个关键环节，形成拆站赔补占全部损失比、现金赔补占重置原值比、报废资产金额占比、非逾龄资产报废金额占比四个关键审批指标，精细测算、科学评估、合理决策。

在拆站损失方面，设置资产原值、已交未到期场租金额、应收未收服务费、设备拆除成本、赔付电信企业、复建成本 6 项主要成本，充分预判预计产生的成本及损失；在获取赔补方面，兼顾当前利益和长远发展，充分考虑业主企业性质和资源情况，设置现金补偿和实物补偿、资源置换补偿等灵活多样的赔补方式，鼓励争取提供复建站址、免费站址、杆路资源、免费机房等方面的等值补偿，为公司规划布局 5G 和两翼业务奠定基础。

其次，建立"站立式"资产处置模式，减少拆除过程成本。对已拆除的资产进行科学评估，确立了"站立式"资产处置模式，对无利旧价值的铁塔，协调拆除单位和回收单位做好衔接，站址现场处置，减少运输、仓储环节和费用。有利旧价值的铁塔，在拆迁前能够利旧的，由拆迁现场直接运送到新站址，减少仓储及二次搬运费用。通过精准施策、分类管理切实减少拆除相关成本，精简支出。

（三）事后：搭建资产整合维修标准化体系，深入挖掘资产价值

针对已拆除资产，强化闲置资产盘活，促进闲置资产"再上岗"。搭建"集中维修 + 属地整合"运营体系，深入挖掘资产价值，实现拆旧物资再上岗、资产价值再创造，成立资产维修中心、资产整合中心，对动环监控模块、FSU 主机、开关电源模块等便于运输或需要精细维修的设备，集中开展维修。对空调、开关电源、电池等不便运输或仅需简单维修的设备，开展属地化整合、维修。将拆旧物资分为整机可利旧、整机可维修、整机不可修复三类进行分类放置和管理；研发维修管理平台（ReM 系统），实时跟踪送修设备的入库、派工、维修、审核、质检、出库环节，实现了整合维修标准化流程和规范管理。

三、工作成效

一是站址拆损和拆除数量实现双降。2019 年 1 ~ 7 月累计到账赔补收入 664 万元。截至 2019 年 7 月的资产净值赔补率达到 21%。营业外净支出由 2017 年的 1.13 亿元下降至 2019 年的 7257 万元，降幅达 56%。站址拆损率由 2017 年的 0.79% 下降至 2019 年的 0.55%。站址拆除数量由 2017 年的 1162 个下降至 61 个，极大实现了站址保有。

二是资产处置效率和效益实现双提升。2018 年、2019 年全省累计获得赔补收入 667 万元，较 2017 年增加 5 倍以上。全省集中维修设备 20652 台，节省费用约 360 万元。

第四章

"价值＋数字"驱动型管理会计的
智能演进——智慧运营

中国铁塔以数字化运营、精益化管理为基础，开展智慧运营探索。公司将提炼形成的量化模型嵌入生产管理流程，致力搭建价值分析、目标测算、决策支撑、模型提炼的全流程智慧化运营体系，初步实现了决策有依据、管理有标准，充分发挥数字财务的智能支撑效应，为企业创造价值。

第一节
提炼标准化管理模型，实施流程嵌入式管理

为进一步提升公司精益管理水平，中国铁塔在集团内推进管理标准化实践。针对项目效益评估、站址拆损、场租管理、更新改造等管理重点和难点，梳理相关生产流程中的关键环节，结合分公司行之有效的先进经验和典型案例，提炼形成量化的标准化管理模型并嵌入生产流程，为合同签署、项目立项、资产处置等关键节点提供决策支撑（见图4-1）。按照"成熟一个推广一个"的原则，在全公司范围内普及推广管理标准化最佳实践，实现管理有标准、决策有依据。

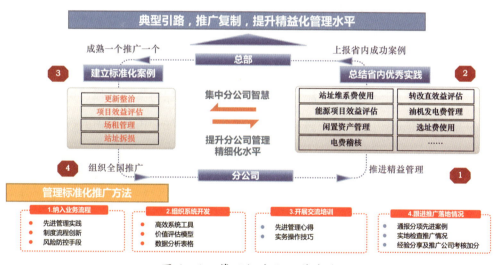

图 4-1 管理标准化工作实践

一、管理标准化工作方法

（一）开展价值地图分析，明确管理提升方向和目标

中国铁塔借助价值地图工具和综合评价分析模板，定位影响公司效益最关键的业

务场景和管理提升点。各分公司结合对标评价，强化算账意识，根据盈利空间量化测算及可行性研究确定管理提升目标。

（二）聚焦管理短板，总结提炼管理标准化模型

中国铁塔聚焦自身价值"洼地"，加强组织，建立业财联合的"管理标准化课题攻关小组"，围绕投资效益管理、成本费用管理、资产全生命周期管理等潜在价值增长点，重点攻坚场租管理、电费管理、更新改造管理、站址拆除、转供电改直供电等管理难点和痛点，快速提炼形成标准化、规范化的方案和模板，通过典型引路，助力各专业及分公司有效推进降本增效。

（三）科学制定参数，将标准管理模型嵌入业务流程

中国铁塔各分公司因地制宜，科学制定参数并优化管理标准化落地方案。各省分公司结合地市分公司经营现状与管理目标，通过充分验证、合理修正，科学配置管理标准化模板参数，契合实际业务流程设定管理标准，确保方案可操作、可落地。关键指标的选取原则为尽可能从系统直接获取，避免额外增加地市分公司取数或运算工作量，在保证业务运营效率的同时，提高管理规范性与科学性。

二、管理标准化模型框架

中国铁塔管理标准化模型框架包含三个基本的组成部分：

首先，对公司历史经营数据进行全面分析并进行横向和纵向比较，从而了解影响"价值洼地"的各类因素、影响方式和影响程度等，如场租管理标准化的主要影响因素为站址产品类型、场租合同信息、场租市场价格、站址场租包干收入等。

其次，依据公司战略、发展规划、外界环境变化等对公司价值要素未来可控目标进行预测，如场租管理标准化中要对场租市场价格的未来涨幅进行预测，确定合理的

涨幅范围。

最后，确定落地实施关键要素，搭建管理标准化模型。如场租管理标准化实施关键要素包括统一市场价格与增幅取数标准、场租收益不达标纳入审批流程和系统自动进行条件判断，以及依据不同判断结果来决定审批的层次。

三、管理标准化工作推广

中国铁塔采用"会诊模式"推进管理标准化落地，促进管理改善。通过持续开展省、地市分公司对标评价工作，针对落后省分公司组织攻关小组实地调研，分析诊断该省潜在价值提升路径，制定有针对性的价值提升方案并复制推广管理标准化案例，达到"示范带动、典型引路、以点带面"的效果。

目前，中国铁塔已经初步完成了两批管理标准化推广工作，针对场租管理、更新改造投资、跨行业前评估、站址拆损赔补、转改直评估、电费稽核、发电费管理、闲置资产管理八项管理难点形成了标准化模型，并将其嵌入流程、嵌入系统，减轻了一线人员线下模型运算及流程审批工作量，有效推进了管理标准化的落地应用，初步实现了智能化决策。

【案例 4 – 1】

福建分公司：蓄电池更新改造管理

一、实施背景

福建分公司折旧和运维成本占收比达到 85%，面临收入产出严重失衡的经营困境，其中更新整治投入占注入资产价值的 10%，是影响福建分公司经济效益发展的主要因素之一。在更新整治投入过程中存在业务判断标准不一、投资决策依据不足的问题。福建分公司以精细化管理为主线，规范标准化操作和过程管控，聚焦"四项主要资产"，建立标准化模型管控更新整治投资。

二、主要措施

（一）预算总额控制

按照"该花的钱一分不能省，不该花的钱一厘也不能花"的成本管控总体要求编制预算，实行投资总额控制。

（二）建立标准化评价模型

1. 总体指标梳理明确

结合运维监控数据、蓄电池资产卡片、CRM 起租信息，制作出蓄电池更新改造科学决策模型，模型的制作主要从基站月均断电频次、基站月均退服时长、蓄电池资产年限、基站一次下电时长、站址等级 5 个方面着手分析，以基站共享数量和电信企业是否提需求设定系数。模型如下：

$$蓄电池配改积分 = \left\{ \frac{X_n}{72} \times 20 + K_n + Y_n + \frac{Z_n}{3} \times 20 （如 Z_n \geq 3 则取 Z_n = 3） + \frac{J_n}{3} \times 20 \right\} \times L_n \times P_n$$

相关指标及取数来源如下：月均断电频次 Z_n（运维监控系统）、月均退服时长 J_n（运维监控系统）、资产年限 X_n（财务系统）、站址等级 Y_n（CRM 系统）、一次下电时长 K_n（运维监控系统）、电信企业共享系数 L_n、电信企业需求系数 P_n。

2. 制定决策流程

通过前期模型验证，梳理设立决策流程：模型评估得分 ≥80，按现有流程直接实施；80 > 模型评估得分 ≥70，由市分公司总办会决策审议后实施（附决策依据清单说明效益与考核指标决策关键点）；模型评估得分 <70，报备省公司维护部批复后实施。

3. 搭建运营管理平台支撑

为有效支撑一线生产经营，为区域一线人员减负，福建公司开发了运营数据管理平台，明确模型数据来源与口径，确保数据规范；同时不断完善项目全流程系统关联，实现项目的网络化监控。

4. 推广使用及深化应用

目前各地市已基本实现全量应用模型。2020 年福建公司在模型应用前提下以效益为导向探索建立评估评价体系（见表 4-1），进一步提升精益化管理水平，逐步实现管理最优。

表 4 −1 　　　　　　　　　　管理标准化模型使用评估评价体系

模型大类	指标	指标描述
更新整治管理	非标准项目实施占比	非标准项目实施占比 = $\dfrac{\text{未通过省公司集中应用模型批复的立项项目数}}{\text{本年新增立项更新整治项目}}$
	更新改造投资占当年新增在用逾龄资产比	更新改造投资占当年新增在用逾龄资产比 = $\dfrac{\text{维护更新整治投资}}{\text{当年新增在用逾龄资产原值}}$

三、工作成效

通过搭建蓄电池更新改造管理体系，使得决策执行有依据、评估评价有标准、价值管理有抓手，为下一步精益化管理工作奠定了坚实的基础。

首先，蓄电池整治有效性改善。2019 年蓄电池改造站址平均退服时长由 2018 年的 3.66 小时下降至 0.96 小时。

其次，蓄电池整治精准性提升。对比模型应用前后，地市需求和电信企业省级需求的重叠率已经大幅提升，由实施前仅 478 个契合项目提升至 3452 个项目。

【案例 4 −2】

湖北分公司：场租控制模型推广实践

一、实施背景

湖北分公司自接收站址运营以来，每年续签场租合同在 3000 份以上，部分场租合同到期后，业主要求涨幅高达 2 ~ 3 倍。根据统计，仅 2017 年 3 月当月续签的场租合同，全省平均涨幅达到了 12%，个别地市公司甚至超过 30%；同时新建站场地因获取方式和谈判力度不同，获取的成本也差异较大。

面对场租成本管控的上述痛点、难点，以及公司人员少，谈判、审批工作量大等困境，如何确定场租续签涨幅及新建站场地费用的合理性，如何指导谈判，快速高效决策审批，就显得极为迫切和重要。通过实践和总结，湖北公司财务部按照费用合理、价值优先的原则，引入场租成本"公允价值"概念，建立了一套场租成本控制模型进行标准化管理，有效提高了工作效率和效益。

二、主要措施

（一）建立标准化的场租控制模型

根据续签、新建站场景，分别建立场租控制模型，输入实际信息，自动输出相关结果，对内作为决策的重要依据，对外作为谈判的有力抓手。

1. 续签站场租控制模型

模型设置的思路和基本原理是坚持涨幅控制、价值公允、兼顾效率三个原则，即续签站涨幅应控制在《场租管理办法》规定的范围以及同区域同类型场租的市场公允价值范围内，并按照场租管理办法的规定实行分级审批，超过公允价值的由公司管理层决策（见表4-2）。

表4-2　　　　　　　　　　湖北公司分级审批管理表

初次判定	二次判定	评估意见
低于市场公允价值	续签费用≤5%年涨幅	运维部经理审批
	5%年涨幅＜续签费用≤10%年涨幅	分公司副总审批
	10%年涨幅＜续签费用≤30%年涨幅	分公司总经理审批
	30%年涨幅＜续签费用≤50%年涨幅	省公司运维部审批
	50%年涨幅＜续签费用	省分副总经理审批
高于市场公允价值	公允价值＜续签费用≤市场公允费用×110%	分公司副总经理审批
	市场公允费用×110%＜续签费用≤市场公允费用×130%	分公司总经理审批
	市场公允费用×130%＜续签费用≤市场公允费用×150%	省公司运维部审批
	市场公允费用×150%＜续签费用	省分副总经理审批

公允价值取各地市公司分区域、分类型近3年新建及续签站场租平均成本（考虑年3%的复合增幅）；年末由省公司运维部组织测定下一年度的数据并进行固化。

2. 新建站场租控制模型

模型设置的思路和基本原理是效益最优选择和效益底线选择。效益最优选择即场地年成本应该不超过同区域同类型站址的平均场地年成本；效益底线选择即场地年成本最多不超过该单站的场租收入。最优选择可由项目经理决策，底线选择由建设部经理决策，超出底线选择的由公司管理层决策。

将场地成本作为效益最优区间，即第一区间。将场租毛利作为效益底线区间，即第二区间。根据产品目录定价即可确定该站包干的场租收入（即第二区间值），再根据平均场租毛利率得出该单站场地费用成本值，作为第一区间上限值。将协商年费用与第一、第二区间值对比，确定协商租费的合理性和分级审批。

（二）IT 固化，批量处理

依托单站核算基础表数据，通过 IT 手段固化模型，一键输入站址编码，自动输出所有决策相关信息及需要审批环节，并将其前置到合同系统审批环节，实现快速审签，提高工作效率。

（三）全省推广，跟踪运用

从提升公司价值文化和意识的高度，成立团队宣贯推广和专项推进该模型应用。由财务部门牵头，运维、建设部门落实，加强使用指导、跟踪考核和总结优化，不定期对照场租审批情况进行检查，定期对使用情况进行通报，并纳入专业线考核。

三、工作成效

场租控制模型的推广，统一和规范了全省场租控制管理，实现了场租控制审批决策有依据、工作方式有效率、评价评估有标准、价值管理有抓手。

2017 年，湖北分公司在推广模型的当年，存量场租续签涨幅就由上年的两位数下降至 4%，年减少租金成本 1800 多万元。2020 年存量场租续签涨幅仅为 1%，远低于市场房租涨幅，其中电信企业传导站站均场租费较上年同比下降 8%，年节约场租成本 1335 万元，且全省无一起因场租合同谈判分歧导致的站址搬迁事件发生，在有效控制场租成本的同时，实现了站址稳固保有，达到了为行业降本增效的目标。

第二节
应用财务机器人实现业财稽核智能化

为将财务人员从低效率、多频次的实务操作中解放出来，中国铁塔进一步提升业财工作的智能化水平，采用财务机器人完成四大主要稽核业务，同时运用人工智能技术，让机器人"边工作边学习"，持续推动业财系统的智能化升级。公司精益智能的管理模式也得到社会各界的广泛认可，中国铁塔财务智能稽核荣获 2020 年首届中国智能财务最佳实践奖。

一、中国铁塔智能稽核机器人应用基础和总体思路

（一）智能稽核机器人应用基础

业务和数据基础层面，中国铁塔基于一级架构 IT 支撑平台，实现多数业务的数字化运营，业务过程、结果、规划等都能在各系统和数据库中找到数据反映，同时依据标准化的业务流程和规范化的业财协同机制，提供高质量的业务财务运行数据，为财务机器人的应用奠定了数据和业务基础。

财务和管理基础层面，中国铁塔制定标准化财务规则和统一的会计政策，规范管控流程和管控节点，输出多维度管理报告，自动化的会计核算和可视化的决策支持为财务机器人的应用提供了管理和财务基础（见图 4 - 2）。

系统平台搭建
业务数字化转变
提供高质量的业财运行数据

业务流程

制定标准化财务规则
统一会计政策
夯实会计基础

管理流程

数据基础

标准化业务流程
规范的业务财务协同机制

财务流程

规范管控流程和管控节点
输出多维度管理报告
提供可视化决策支持

图 4 - 2　中国铁塔财务机器人应用基础

（二）智能稽核机器人总体思路

传统稽核方式存在诸多难题。稽核规则复杂，单据稽核时需要考察单据合法性、合规性、合理性等多方面情况；稽核工作量大，业务单据数量多、稽核规则多，人工

处理效率低且易出错，带来损失风险；稽核过程容易出现管理漏洞，如果出现问题，风险无法被及时捕捉，导致未来可能继续出现类似问题。考虑到财务报账稽核具有规则相对明确、工作量大、重复性强的特点，使用财务机器人比人工处理更加高效，因此该业务场景成为中国铁塔应用财务机器人的入手点。

智能稽核机器人以严控风险和提高效率为目标，通过数据采集、数据分析、流程制定、智能稽核等技术手段，采集录入（或上传）的数据与系统源头数据进行比对、校验，遵循定制流程，将人工稽核转换为系统自动稽核，推动信息系统的智能化演变（见图 4 - 3）。

图 4 - 3　智能稽核机器人总体思路方法

二、智能稽核机器人应用实践

（一）智能稽核机器人工作流程

1. 数据采集

在智能稽核流程开端，员工在系统中发起报账并提交单据，机器人实时监控并启动下发稽核任务。机器人根据单据类型从财务系统中抽取关键的业务数据，同时利用 OCR 识别报账提交的各类报账附件如发票等。

2. 数据分析

RPA 机器人模拟人工操作从业务系统如合同系统、物业系统、PMS 系统中抽取系统源头数据；解析机器人解析抽取出来的各类数据，如合同正文中的供应商名称、发票中的发票号码等，并依据预置的稽核检查规则和既定流程校验数据。

3. 智能稽核

如果数据检查通过，则机器人操作稽核通过；如果出现异常结果，则转为人工稽核，最后由机器人自动出具稽核报告。智能稽核机器人自动抓取数据并遵循规则和定制的流程，实现从下发稽核任务至编制稽核报告全过程自动化处理，且能够借助机器学习吸收融合业财规则，不断修正机器操作以提高稽核准确度，推动系统的自动化和智能化演变升级。

智能稽核平台的工作流程如图4－4所示。

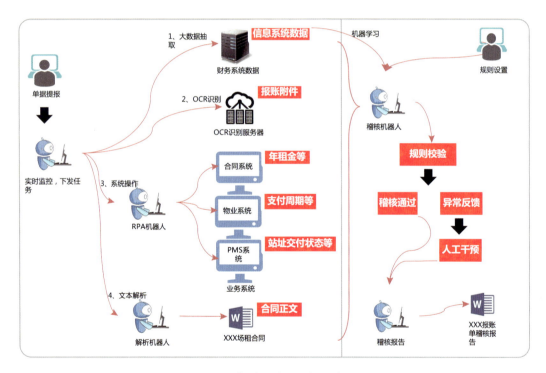

图4－4　智能稽核平台工作流程

（二）智能稽核机器人分场景实现

1. 业务梳理

主要针对工程、场租、电费、维护费等稽核量大（在业务总量中占比87%）、上传附件最多的业务进行全流程梳理。明确报账单流程、规范、审核要求和数据标准，形成《财务报账智能稽核规范书》，作为系统研发的基础。对四项业务主线流程、单据规范、审核要求、记账凭证等内容进行明确和规范。

2. 具体步骤

步骤一：梳理业务规范。梳理原则为：符合总部会计标准化要求，稽核标准不降低、环节不减少，充分运用各系统中固有数据，对新建、系统已有数据不再下载、复印、上传，简化报账手续，提高效率。

步骤二：单据规范性审核。确定业务所涉及的单据种类，如合同、发票、非专用发票审批表等。

步骤三：审核要点。区分财务审核要点和业务审核要点，以能符合总部下发的业务财务审核要点通知要求为准。

3. 运用举例

场租成本智能稽核区分为有票支付、无票预付和预付核销三种情况，以下以有票支付为例进行展示。

（1）业务流程梳理。场租支付业务流程如图4-5所示。

（2）单据规范。场租支付审核中主要包含对于租赁合同、增值税专用发票及增值税普通发票和增值税普通发票审批表的稽核。

（3）支付审核要求。业务部门负责审核以下内容：一是物业系统内部数据准确性。对物业系统中本月新增变动站址逐一进行审核，主要审核本月变动站址场租成本的合同信息是否正确，本期停止摊销场租成本站址是否已续签合同。二是物业系统与合同系统数据的一致性。综合部、维护部每月提取合同系统和物业系统的全部租赁合同信息，比对两个系统中的租赁合同信息是否一致、合同状态是否一致，消除系统间差异，实现物业系统与合同系统间数据的一致性。财务部负责审核支付信息的准确性。收款方账户名、账号开户信息是否与合同约定一致；支付金额与发票、合同约定一致；支付期间与合同一致；增值税普通发票审批表等。

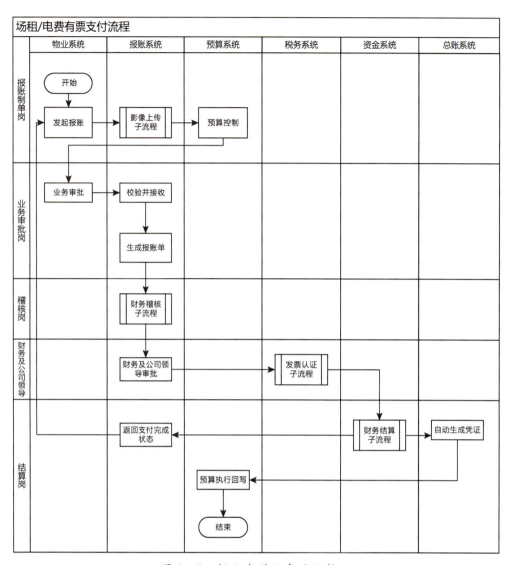

图 4-5　场租支付业务流程梳理

三、智能稽核机器人应用效果

(一) 高质量：自动稽核，严控风险

试点分公司针对工程、场租、电费、维护费 4 大类报账业务，设定 8 个主要场景，

313 个稽核点全部由人工转向机器稽核。截至 2021 年 4 月底，机器人累计完成 129.31 万个稽核点校验，其中 25.56 万个未通过稽核，未通过率 19.8%（见图 4-6），后续经人工检验，未通过准确率为 100%，系统自动提示未通过原因，机器人发挥了严格把关、严控风险作用。

业务大类	业务场景	稽核要点	单据总数量	校验要点总数	不通过要点总数	退单率（%）
工程	工程	32	1043	32333	10561	32.7
电费	电费有票	51	18643	596576	162058	27.2
	电费核销	47	4834	130518	18684	14.3
	电费预付	6	5156	36092	13259	36.7
场租	场租有票	25	19230	442290	39859	9.0
	场租核销	23	148	2664	349	13.1
	场租预付	4	149	1043	446	42.8
运维监控	运维监控	125	1913	51651	10424	20.2
合计		313	51116	1293167	255640	19.8

图 4-6　报账机器人自动稽核退单情况示例

（二）高效率：简化手续，提高效率

智能稽核机器人可以在系统中自动抓取已有数据，报账上传附件由之前的 85 项减少至 43 项，其余 42 项实现系统间数据自动抓取和稽核，报账附件数量减少了 49.41%，减轻了前端业务部门工作量，提高了报账效率（见图 4-7）。以电费报账为例，人工报账稽核时需要提供发票、普票验票证明、站址用电明细、电力局提供的用电明细，而智能稽核机器人可以从外围系统抓取除发票以外的其他三项附件，报账时只需提交发票一种附件，简化了报账手续。

（三）低成本：节约成本，释放人力

稽核机器人可以有效降低财务稽核人员工作量，解决财务人手不足问题。试点公司财务稽核人员约 29 人，上线前需审核 1.3 万张报账单，实现财务机器人自动稽核后，节约了**77%**的审核工作量。同时稽核机器人可以有效降低耗材、纸张等成本，试点公司平均每月节约用纸、耗材等**5.8**万元，年节约**70**万元，实现了管理费用可持续节约。

业务大类	业务场景	原报账附件数量	规范后附件数量	系统已有附件数量	附件数量减少百分比（%）	规范增加附件数量
工程	工程报账	14	4	10	71.4	5
场租	场租有票支付	7	3	4	57.1	3
	场租无票预付	2	1	1	50	2
	场租无票预付核销	7	3	4	57.14	3
直供电报账	直供电有票支付	2	1	1	50	2
	直供电预付	0	0	0	0	2
	直供电核销	2	1	1	50	2
转供电报账	转供电有票支付	10	8	2	22.22	6
	转供电无票预付	3	2	1	33.33	6
	转供电无票预付核销	8	6	2	25	6
运维监控	代维、维保、油机发电	18	9	9	50	9
	监控流量费	5	3	2	40.0	3
	单次修理费	8	3	5	62.5	3
合计		85	43	42	49.41	48

图 4 - 7　报账机器人自动稽核减少附件数量示例

中国铁塔借助智能稽核有效细化了精细化管理水平，提升了财务工作效率，有助于进一步挖掘财务人员的支撑服务能力，同时智能稽核将财务规则渗透到各个业务领域，推动了业务财务融合，实现了业财管理的智能化升级。

【案例 4 - 3】

河北分公司：智能稽核、严控风险、提高效率

一、实施背景

中国铁塔的业财一体化提升了财务数据的及时性、准确性。但在系统运行和日常财务工作中，财务人员对业务单据需进行大量的稽核检查工作，基础工作量大，财务工作的及时性、准确性得不到保障。

面对上述问题，河北分公司结合人工智能应用技术，规范财务报账，简化报账手续，不断提高财务工作的效率和质量。

二、主要措施

（一）业务梳理

在严格遵循中国铁塔会计标准化要求的基础上，河北分公司财务组织全省财务及相关业务部门人员，划分业务需求大类，根据需求大类明确报账业务场景，梳理现有业务与财务稽核要点，梳理了 4 大类报账业务，设定了 8 个主要场景，实现了 313 个稽核点全部由人工转向机器人稽核。规范现有报账附件，将系统上传附件由之前的 85 项减少至 43 项，其余 42 项实现了系统间数据自动抓取和稽核。通过全面业务梳理，形成了《财务报账智能稽核规范书》，明确了业务与财务审核要点及规则。

（二）系统研发

河北分公司与浪潮公司共同成立创新联合小组，系统采用 AI、OCR、大数据等技术，以严控风险和提高效率为目标，通过数据采集、数据分析、流程制定、智能稽核等手段，采集录入、上传数据与系统源头数据进行比对、校验，遵循定制流程，将人工稽核转换为系统自动稽核，做到系统数据的实时监控，在节省人工的同时提高了稽核数据的质量。

（三）测试上线

全省累计组织了 10 次以上地市财务和业务骨干集中进行业务和规则梳理、系统测试，最终实现后台实时稽核并出具稽核报告，对信息异常数据转人工干预，使得稽核效率明显提高。

河北分公司运用语言识别、图像识别、自然语言处理等先进人工智能技术，结合公司现有的信息化架构，形成了公司特有的智能稽核系统。智能稽核能够遵循定制流程，采集上传数据与系统源头数据进行比对、校验，将人工稽核转换为系统自动稽核，不仅实现了 7×24 小时实时报账稽核，还节约了纸张、减少了支持人员等管理费用，满足了审计要求，为财务的智能化奠定了基础。

三、工作成效

（一）稽核质量大幅提升

2020 年，智能稽核机器人累计完成 378 万个稽核点校验，其中 49 万个未通过稽核，未通过率 13%，经人工审核未通过准确率为 100%。

（二）简化了手续，节约了成本

报账附件数量减少了 49%，极大减轻了前端业务部门工作量，提高了报账效率。耗材预计年节约 70 万元。河北省财务稽核人约 29 人，上线前每月需审核 1.3 万张报账单，实现财务机器人自动稽核后，可减少审核工作量 77%，解决了财务人手不足问题。

第三节
挖掘数据价值，建立量化模型实现智慧决策

中国铁塔借助业务和财务的数字化建设，通过对公司运营的全业务进行针对性的监控、预警、跟踪，逐步实现了数据标准化、核算自动化、管理集约化的目标。利用数字化建设成果，公司建立了数据库，进一步挖掘数据价值，结合决策需要建立指标库、模型库，为业务过程、预测分析和决策支持提供依据，全面支撑公司运营管理需求。

一、搭建量化数据模型

首先对决策机制进行梳理，依据决策机制对标准数据进行实时计算并形成结果数据，以满足支撑决策的需要。数据对决策工作的支撑，主要依靠科学的量化数据模型来实现。

同时，通过数据库直接获取、接口、ETL 等技术方式，获取并汇聚财务各专业数据和所需业务数据，形成财务数据供查询分析。数据库中数据的来源包括总账数据、报表数据、报账数据、预算数据、资金数据、税务数据、工程数据、资产数据和业务数据等，并将获取的上述数据按照统一标准在数据库中进行存储。

中国铁塔通过汇聚财务数据和模型归集、计算数据，形成指标库、模型库，为业务过程、预测分析提供依据。同时，公司还建立了业务及数据在线检查模型、规则，依据整合后的数据，在线检查业务及数据的合规性、完整性、一致性，及时发现问题。

二、推动模型的系统固化及在线应用

中国铁塔不断优化系统建设规划，以数据、场景和算法建模为核心，推动数据模型系统固化，财务分析及经营决策方式从经验型、历史数据分析型向预测型、智能型和实时化发展。如依据成本使用场景及驱动因素，梳理固化成本管控标准和分析模型，将与成本过程管控相关的分析模型嵌入系统，与年度预算、月度滚动预算结合，推进自动对标、自动预警、实时监控，出具成本监测报告。对资金业务全过程进行实时监控，嵌入融资决策模型，实现融资规模、品种、成本的精准管理，以达到降低资金成本的目标（见图4-8）。

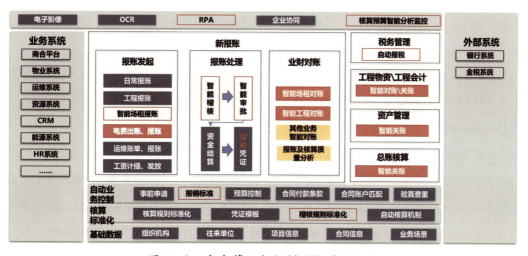

图 4-8 成本管理数据模型与系统优化

【案例 4 – 4】

山东分公司：业财一体，用决策信息化提升智慧化管理能力

一、实施背景

公司约 75% 的成本支出和 100% 的投资支出需要办公会及专题会等进行事前决策，其中效益测算是工程项目立项、站址拆迁、场租续签、高额维系等业务事项决策的重要依据。在实际执行过程中，有的效益测算已有统一的标准化模型，有的效益测算尚没有统一的模型，业务人员不知如何去做；测算数据无复核，准确性无保障，时常会出现会上疑问说不清、数据现场核、结果现场推演的情况，严重影响决策效率，同时加大了错误风险，影响决策方向；执行数据与会议决策数据无比对，存在巨大的偏离风险。

二、主要措施

一是业财一体，建立效益评估标准化模型。财务主动作为，深入前端业务，将涉及效益管理的业务数据逐项梳理，根据业务和财务的管理要求建立标准化的效益测算模型，通过"三统一"即统一计算标准、统一取数口径、统一评估要求，实现效益数据的模型化和标准化。

二是重塑流程，实现评估模型嵌入业务环节。铁塔公司的业务和财务天然一体，业财联动对相关业务管理流程逐项梳理，对生产流程进行重塑，将模型应用和数据复核嵌入决策前必要流程，财务对整体数据做统筹和管理，提升财务管理的价值和效力（见图 4 –9）。

三是固化系统，提升效益模型的智能化应用。将决策结果通过建立决策支撑小程序闭环贯穿于市公司审批流程，通过横向协同化、纵向集约化，强化成本及投资等稽核管理要求。借助 RPA 实现业财数据的源头对接和稽核，加强业务源头数据管控，确保传递到财务的信息能真实准确，让财务带着支撑平台走出办公室，实现效益模型数据的规范管理与实时监控，相关数据实时预警、实时自动分析，将数据分析结果用于服务决策、服务一线、服务生产、服务员工，并建立高质量发展和精细化管理的数据管理体系及对标工作机制，支撑公司高质量发展（见图 4 –10）。

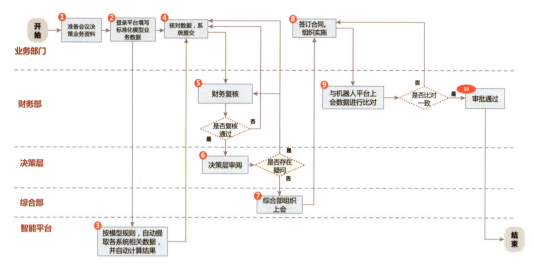

图 4-9　模型嵌入决策流程

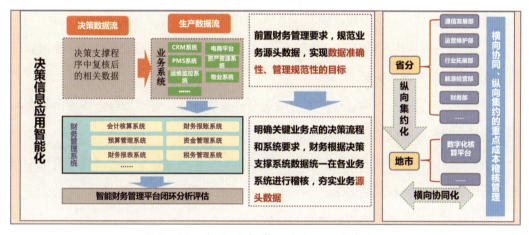

图 4-10　智能财务管理平台闭环分析评估

三、工作成效

第一，效益明显改善。2021 年实现利润总额 5.17 亿元，同比增长 43.3%。

第二，投资管控有效。全省新建项目平均造价同比降低 9%，改造项目平均造价同比降低 15%。2021 年利旧铁塔 428 处，全年报废资产平均成新率下降 8 个百分点，合计节省投资约 3000 万元。

第三，成本有效控制。2021 年零异站址数从年初 1509 处下降至 603 处，占比从 1.3% 降至 0.52%；零异站址站均空转费用 263 元/站，较年初下降 2134 元/站，无效成本得到有效控制。

三、模型应用展示——跨行业前评估模型

为实现投资评估有标准、审批决策有依据，提升投资精准度，中国铁塔建立了以毛利率等为主要评价指标的投入产出决策模型：基于跨行业业务所处的发展阶段和特点，公司以毛利率、财务净现值指标作为评价项目经济效益的关键指标，以投资报酬率、静态投资回收期等指标作为参考性指标，支撑并引导业务部门科学、高效决策。

前评估模型的步骤如下：

步骤一：预估项目投资建设成本，作为项目建设总投资及折旧摊销数据来源。

步骤二：通过对投资项目合同期内不同类型的收入、运行成本预估，计算得到项目毛利率、投资报酬率指标。

步骤三：通过对投资项目合同期内净现金流量的计算，得到项目合同期内财务净现值、静态投资回收期指标。

步骤四：综合分析评价项目经济效益关键指标及参考性指标，与预期评价结论标准进行比较，最终得到评估结果。

中国铁塔跨行业前评估模板如图 4 – 11 所示。

分公司以前评估模板为依据，结合省内对标或效益目标设定省内评价标准，引导地市分公司选取质量高、回报高、风险可控的项目进行投资，实现跨行业项目高效益发展。

跨行业项目前评估管理审批单

一、项目基本信息

项目名称		-	客户名称		-
项目大类		-	项目子类型		-
合同年限	-	预计建设工期（月）	-	产权属性	-	代建资金回款周期	-

二、项目投资情况（仅供新建投资类项目类型填写）（单位：万元）

塔（普通地面塔、普通楼面塔、抱杆）		-	室内分布系统	
房（基站构筑物、机房、机柜等）		-	传输设备	
电（电源、机房配套、电力引入等）		-	创新业务设备	
代建垫付投资		-	其他投资	
项目投资合计				-

三、项目收入（单位：万元）

（一）一次性收入		-	（二）周期性收入	
（三）不定期收入		-	（四）代建垫支资金回收	
（五）其他收入		-		
项目收入合计				-

四、项目成本费用（单位：万元）

折旧摊销	-	维护修理成本	-	场地租赁成本	-	电力成本	
租赁服务成本		业务合作分成费	#REF!	其他业务拓展成本	#REF!	代建业务成本	#REF!
项目成本费用合计			#REF!				

五、经济效益参考指标

原站址效益情况		本次项目效益情况	
原既有站址毛利润	*手工填写，取自单站表*	项目毛利润	
原既有站址投资报酬率	*手工填写，取自单站表*	投资报酬率	无投资额，无法计算该指标
原既有站址毛利率	*手工填写，取自单站表*	静态投资回收期	-

六、关键评价指标和经济效益评价结论

关键评价指标	毛利率	#DIV/0!	财务净现值	-
经济效益评价结论	□ 经济效益可行		□ 经济效益不可行	

审批记录

财务经办人	签字：		日期：	
行业拓展部经理	签字：		日期：	
分管副总经理或总经理	签字：		日期：	

注1、经济效益参考指标中原既有站址毛利润数据的填写只适用于A类项目，由各单位从经分系统单站表取数后手工填写。
注2、项目毛利润计算时，暂不考虑财务费用影响。
注3、以上既有站址毛利润、项目毛利润指标计算口径均为年平均毛利润。

图4-11 跨行业前评估模板

【案例4-5】

天津分公司：营造人人会算账、算好账的经营氛围

一、实施背景

中国铁塔作为重资产公司，需投入大量基础建设投资，前期投资项目的选择、建设方案的确认直

接影响公司经营成果。为加强项目投资事前管控，从源头上降低经营成本和经营风险，天津分公司针对不同场景、不同区域个性化投资提供指引，聚焦投资收益率指标，结合站址运行成本，搭建起属地化的投资效益评价体系。

二、主要措施

结合管理会计理念和相应的管理会计工具，充分挖掘数据价值，通过搭建评估模型对项目效益进行评价，为落实经营责任提供数据支撑，为提升后续项目前评估准确性提供优化方向。

（一）基于高效投资，建立"投资评价模板"

1. 创建不同场景单站标准年毛利率指标库

以新建站标准建造成本、外市电引入方式及天津不同城区场租指导价格为基础，按照现行商务定价模式，区分不同区域、不同共享类型情景，分别测算各类场景新建单站标准年毛利率，形成项目效益分析指标库，实时更新，动态管理。

塔型、挂高、机房配套：参照集团标准定价中引用的地面塔、楼面塔塔型，以及相应的 10 种地面塔挂高、5 种不同机房配套，共 65 种产品配置。

电力引入方式：以自建变压器、一户仪表、转供电进行区分。

站址覆盖区域：以行政区域及城区、非城区进行区分，引入场租收入指导价及实际场租指导价。

共享情况：区分 1 家、2 家、3 家共享。

2. 量化投资评估标准，明确指导投资决策

以不同场景单站标准毛利率为核心，结合项目静态投资回收期等指标，对项目可行性进行判定。在此基础上，进一步横向对标，对方案进行"优、良、差"等级评估，引导项目经理追求投资效益最大化。

投资方案可行性：

（1）方案毛利率＜总部要求毛利率时，该方案不可行（同时给出优化建议）。

（2）方案毛利率＞总部要求毛利率时，该方案可行。

建设方案评估：

（1）方案毛利率≥区域毛利率，且方案毛利率≥全市毛利率时，评级为优。

（2）方案毛利率≥区域毛利率或方案毛利率≥全市毛利率时，评级为良。

（3）方案毛利率＜区域毛利率，且方案毛利率＜全市毛利率时，评级为差。

3. 投资评估 IT 化，简单易操作

将"投资评价模板"网页化，将标准测算数据、历史单站数据等嵌入后台，用户在录入数据时基本实现菜单点选，投资效益分析过程自动实现，简单易懂、人人可操作，让非财务人员可以快速获取一份项目投资效益分析报告。

（二）评估结果应用立项会审，全面推广使用

完善工程项目管理办法，明确项目立项会审环节，增加对"投资效益评估"结果审核，对判定为不可行的项目严格投资管控，鼓励项目经理在多个可行方案中选择最优方案，缺少投资评估的项目不予立项。

三、工作成效

（一）有效降低投资，快速提升共享，实现利润增长

借助"投资评价模板"，天津分公司在建设方案选择方面，通过优化塔型、降塔高、改善外市电引电方式等手段，累计节约投资约 4500 万元；新建站址工程造价有效降低，平均单站造价下降幅度 2016 年在全国排名第 2 位；单站租户数达到 1.71，站址共享率逐年提升；2020 年资产报酬率较上年改善 2.5 个百分点，盈利能力稳步提升。

（二）探索"智能财务"，高效支撑生产运营

效益评估实现 IT 化后，项目经理可随时随地录入数据，实时分析项目收益，提高了分析工作效率，分析工作由原来的 5 人协作 3 天完成压缩为 1 人 5 分钟完成，实现了高效支撑生产运营。

第五章

"价值 + 数字"驱动型管理会计的
技术赋能——技术引擎

管理会计体系的落地离不开信息技术的支持，信息技术的应用反过来也拓展了管理会计的边界。以"数字化""精益化""智能化"为特色的"铁塔模式"离不开一级架构平台、数据治理体系、物联网技术、人工智能技术、云技术等新技术的支持。技术作为管理创新引擎之一，给予管理者更广阔的管理视角和管理手段。因此，在数字化时代，财务需要充分跨界融合，与信息技术协同发展。

铁塔公司目前已经形成敏捷高效、研发运营一体化的 IT 支撑体系。通过能力集中建设、环境资源集中维护，整合总部、省市分公司及合作伙伴已有资源和能力，公司充分发挥了一级平台优势，集约管理，创新应用，努力实现成本效益最大化。基于一级平台的铁塔信息化系统是实现业财一体化、搭载"价值＋数字"驱动型管理会计体系的前提和基础。

第一节
一级架构 IT 支撑平台，筑牢业财一体基础

业务财务一体化系统的建设充分考虑了一体两翼业务与新技术的融合创新，按照"统一建设、统一管理"的技术思路，在技术架构和技术能力方面要达到快速响应、快速迭代、高效稳定的目标，通过云计算、大数据、物联网、移动应用等先进互联网技术的运用，实现财务系统技术整体可控、架构可扩展、功能可调整，支撑业务的持续创新发展。

业务财务一体化系统的软件技术平台作为系统技术架构实施落地的关键和基础（见图 5-1），以有效支撑铁塔公司业务发展战略为目标，结合标准规范、管理体系和安全体系框架贯穿平台建设，遵循业务集成和数据共享要求，采用业界先进、开放、成熟、稳定、可持续发展的技术，提供集系统运行、集成、开发为一体的应用支撑服务。平台从架构设计、开发方式到部署维护整个软件生命周期都基于"云"的特点设计，充分利用和发挥云平台的弹性以及分布式优势，使各类信息化资源使用按需配置，弹性部署，提高资源利用率、安全性和经济性。

中国铁塔采用云架构的大集中部署模式，提升公司总部、省分公司、地市分公司三级单位重点项目的管控能力，在业务方面通过制定标准规范，在技术方面通过 API 接口实现可扩展可集成，在统一集中系统环境中解决个性化业务问题。企业数字化能力平台采用云原生架构，基于容器技术构建，支持资源弹性伸缩，支持分布式多云部署，能够为财务系统业务应用的开发、运行、集成和运维提供全方位技术支撑，助力实现业务财务一体化系统的建设目标。

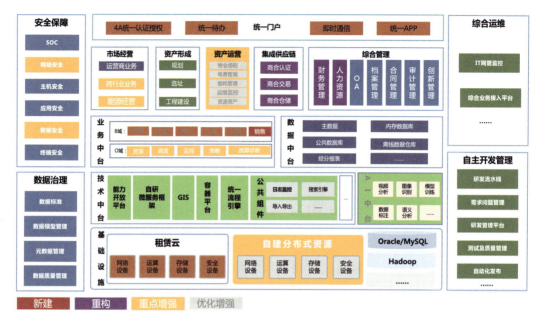

图 5-1　中国铁塔一级架构 IT 平台

第二节
完善数据治理体系，建立健全数据标准

　　站址编码、物资编码、客户及供应商编码、业主编码等均是铁塔公司的重要数据模型，在管理创新不断深化的过程中，数据模型也在不断完善、不断优化。在创新管理模式的同时，数据标准化也在不断深入，以满足数字化转型和企业运营高效率、低成本的管理要求。

一、站址编码管理，一站一个身份证

　　中国铁塔建立之初就确定站址编码管理的原则为"一塔一个身份证"，该原则为中国铁塔开展精细化管理和运营，为客户降本增效、实现共享发展打下了坚实基础。

(一) 赋予每个站址唯一编码

建立之初，公司通过公共数据库赋予唯一的站址编码，标识该铁塔站址的站址名称、站址类型、经度、纬度、所在地址等基本信息以及可以归集发生在该站址的所有事项（见表5-1）。站址编码由公司公共数据库统一管理，做到一点管理、各系统同步使用，并贯穿公司全业务、全流程，统一了通信铁塔站址属性唯一标识码，实现了各系统数据统一和高效交互。

表5-1 站址模型

站址编码	站址名称	管理区域	经纬度
0000001	朝阳会议中心	朝阳区	经度116.428055，纬度40.023413

(二) 站址模型优化升级

随着公司步入转型发展新阶段，全面推动"一体两翼"战略落地，伴随一体业务发展5年多的站址模型，已无法有效支撑业务多元化快速发展。

1. 明确站址定位

站址作为管理归集单元和资源实物归集单元的属性要求对站址的维度拆分需要足够细化，为精细化管理夯实基础。

2. 明确站址维度的基本要求

拆分后的维度所表示的站址属性必须绝对单一，通过各维度组合进行属性叠加。如初级站址模型中的"隧道类室分"既描述了站址形态（室分），又限定了业务用途（隧道），如果在隧道类站址上开展智联和能源业务会带来标注和理解的困扰。

3. 站址模型的主要维度

围绕站址固定不变的属性和随经营管理发生变化的各类特征，设立彼此独立的维度进行描述。目前形成了5类维度：形态维度、来源维度、状态维度、管理主体维度、用途维度。需要结合5类维度立体、综合描述站址的全面信息。

（1）形态维度。实体站面向对外经营，分为露天站、隧道站和室内站三类，其中露天站下设三个子类，分别为地面站、楼面站、点位站；虚拟站没有具体形态，只面向内部管理，主要为借助站址概念做相关结果归集。

（2）来源维度。适应共享社会资源的需要，将站址来源维度分为自有站址和社会站址。自有站址包括自建站、移交站。社会站址新增【来源行业】字段，描述社会站址的产权方，目前包含电力、铁路、市政、公安、房地产等；新增【来源渠道】字段，描述社会站址的获取方式，目前包含合同租用、协议置换、免费使用。

（3）状态维度。站址状态包括规划、需求、选址成功、在建、在网、拆站冻结、销项等。

（4）管理主体维度。站址的管理主体包括铁塔公司、智联公司、能源公司三个机构，可按业务类型和合作伙伴进一步细分管理主体归属。

（5）用途维度。站址用途包括通信业务、能源业务、智联业务、对内管理等。

（三）新站址模型

根据上述站址模型设计思路，中国铁塔形成的新站址模型如图 5 - 2 所示。

新模型对扩展后的站址编码主表进行了瘦身，只保留了编码、业务信息、业务类型等关键字段，将原来主表的关键字段重新编译汇总成站址物理表，并增加了站址形态、状态两个关键维度；在站址资源表中保留了站址来源维度，增加了管理主体维度；把原来的一体业务维度单独扩展为通信业务站址子表，增加了智联、能源业务站址子表；同时在主表的业务类型中又扩充了站址物业和运维信息表。这样五个维度的站址全量信息通过站址编码串联了所有信息，各表 ID 为自身表的主键，各表纪录的增删改查均有创建人、修改人及状态描述和时间戳。通过站址编码的修改为单站业务核算、价值管理及不同客户、主体、业务、产品的价值分析创建了数字化建模的基础，真正实现了站址数字化赋能。

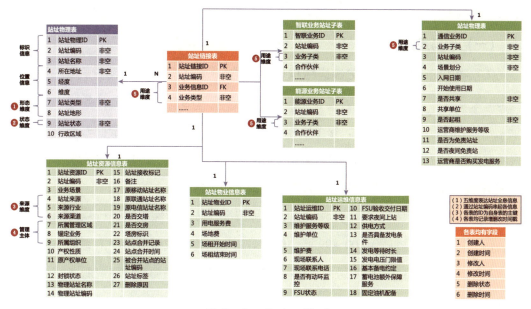

图 5-2　新站址模型

二、物资编码管理：一物一个资产码

　　中国铁塔工程项目建设数量繁多，为实现工程项目管理的智能化，公司制定了一套完整的物资服务编码体系。公司为每类物资分配唯一的物资服务编码，物资服务编码承载该类物资的规格型号、转资规则、核算规则等，在项目建设过程中从立项、采购、交资到竣工等业务流程一码到底，贯穿各个信息系统。

　　物资服务编码符合一致性、唯一性、科学性原则，与财务固定资产、会计科目、商合产品编码形成对应关系，同一产品不能归属不同分类，同一物资或服务不能对应多条编码，同一编码不能对应多种物资或服务，从而能够清晰、准确地区分物资或服务类别、规格或工作内容差异，能够方便财务部门明确资产年限，避免相关、相近的物资及服务重复编码。

（一）编码规范

工程物资编码和工程服务编码结构均为"类—项—目—节—子类—子项—子目—子节—流水号"层级的树状结构。"类—项—目—节"四个字段对应财务的"资产目录"，其特征描述均为枚举值，每个字段2位号码。"子类—子项—子目—子节"各字段特征描述，根据目前编码库梳理固化为枚举值，每个字段2位号码。"流水号"特征描述需要各编码单位根据前述层级分类自行填写，4位号码。

九层结构依次根据工程物资或服务的各种特征，按科学性原则进行从大到小的分类表达，其中前八层每层由00~99两位编码号码加对物资或服务特征内容的描述来表示（见表5-2），第九层流水号由0000~9999四位编码号码加对物资或服务特征内容的描述来表示（见表5-3）。单条编码号码取每层数字部分组合而成，合计20位数字；如果某一编码的分类颗粒度较粗、层级较少，不需要使用全部层级，则未使用的层级码全部为00。20位数字编码结构见表5-4。

表5-2   类编码及描述

类	
01	基础设施

表5-3   流水号编码及描述

流水号	
0001	新型试行铁塔、每层3付抱杆、插接式、外爬钉

表5-4   20位数字编码结构

类	项	目	节	子类	子项	子目	子节	流水号
01	01	01	02	03	05	00	00	0001

（二）编码分类

编码分类是指编码所属物资或服务按照自然属性、通用功能和主要用途以及公司的管理要求进行的聚类。编码分类根据不同物资或服务的特点，有不同数量的分类颗粒度。每一个分类颗粒度对应编码分层结构中的一个层级。

（三）编码标准描述

编码标准描述是由各分类层级中具体特征内容生成的代表该类物资或服务自然属性的具体描述，不同编码标准描述唯一、不可重复。编码标准描述（描述规则）由多个特征量拼接生成。

例如，某一 A 库图集的三管塔，其自然属性为塔高 30 米，风压 0.65，三层平台，每层 3 米间距，每层 6 付抱杆，外法兰、外爬梯。按照编码规范和分类规则，类、项、目、节为管理规定的资产属性，子类、子项、子目、子节及流水号为自然属性分类描述：

（1）特征值——资产属性类，特征量——基础设施，特征单位——

对应的分层描述为：资产属性类基础设施（符合一贯表达习惯时，特征值描述可省略，可简写成基础设施）。

（2）特征值——资产属性项，特征量——地面塔，特征单位——

对应的分层描述为：资产属性项地面塔（符合一贯表达习惯时，特征值描述可省略，可简写成地面塔）。

（3）特征值——资产属性目，特征量——普通地面塔，特征单位——

对应的分层描述为：资产属性目普通地面塔（符合一贯表达习惯时，特征值描述可省略，可简写成普通地面塔）。

（4）特征值——资产属性节，特征量——三管塔，特征单位——

对应的分层描述为：资产属性节三管塔（符合一贯表达习惯时，特征值描述可省略，可简写成三管塔）。

（5）特征值——塔高，特征量——30，特征量单位——米

对应的分层描述为：塔高30米（符合一贯表达习惯时，特征值描述可省略，可简写成30米）。

（6）特征值——风压，特征量——0.65，特征单位——KN／m²

对应的分层描述为：风压0.65KN／m²（符合一贯表达习惯时，特征单位描述可省略，可简写成风压0.65）。

（7）特征值——平台及间距，特征量——三层平台3米间距，特征单位——

对应的分层描述为：平台及间距三层平台每层3米间距（符合一贯表达习惯时，特征值描述可省略，可简写成三层平台3米间距）。

（8）特征值——A库图集，特征量——全国标准，特征单位——

对应的分层描述为：A库图集全国标准（符合一贯表达习惯时，特征值描述可省略，可简写成全国标准）。

（9）特征值——其他属性，特征量——每层6付抱杆、外法兰、外爬梯，特征单位——

对应的分层描述为：其他属性每层6付抱杆，外法兰、外爬梯（符合一贯表达习惯时，特征值描述可省略，可简写成每层6付抱杆，外法兰、外爬梯）。

该编码标准描述为：基础设施——地面塔——普通地面塔——三管塔——30米——风压0.65——三层平台3米间距——全国标准——每层6付抱杆、外法兰、外爬梯。

（四）编码流程

根据拟编制的物资或服务的自然属性、通用功能和主要用途，按照编码规则逐项选择或填写类、项、目、节、子类、子项、子目、子节、流水号描述，以及本物资或服务的计量单位，系统自动生成预编码（见图5-3）。

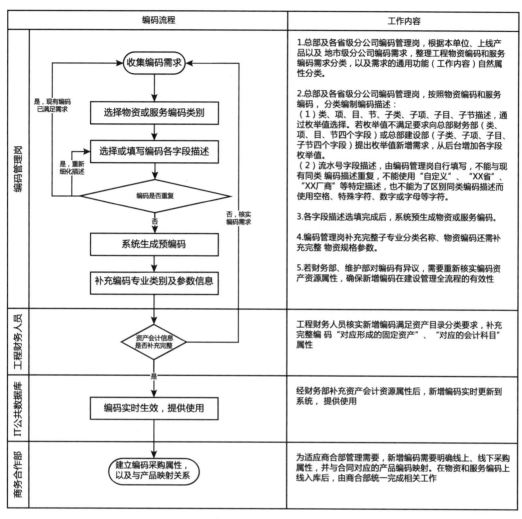

图 5-3　编码流程

（五）编码使用

中国铁塔全国共用一个编码库。各省级分公司根据本省（区、市）业务需要，可从全国编码库筛选出本省（区、市）编码使用库，提高编码使用效率。总部及各级分公司均可查询及导出全国编码库，各省级、地市级分公司均可查询及导出本省（区、市）编码使用库，进行编码的分析管理。

通过标准化物资服务编码体系（物资服务编码模型见表 5-5）实现工程项目管理信息系统从立项、电子采购、转资到竣工决算全流程智能化处理，真正实现工程项目管理数字化、智能化。

表 5－5 物资服务编码模型

物资编码	对应形成的固定资产目录	对应的会计科目	名称
01010101010101	01010101	16040201	角钢塔

三、客户、供应商、业主编码管理：唯一数据源

中国铁塔根据自身特点，对客户、供应商、业主三类主数据分类管理，明确定位了三类主数据的管理重点和信息系统注册管理流程，支撑公司精细化管理需求。如公司组织、区域、供应商、客户、业主等信息通过建立唯一数据源以及数据管理和使用标准，确认每项关键业务数据的责任中心，确保数据维护和更新及时、合法、有效，确保了数据的唯一性和准确性（见表 5－6）。

表 5－6 客户、供应商、业主模型

编码	分类	地区	……
CSR＋编码	客户	北京	……
SUP＋编码	供应商	北京	
OWN＋编码	业主	北京	

第三节
物联网技术在运营管理中的应用

为实现业财流程统一，中国铁塔从公司成立之初就梳理了从需求承接、订单签订到客户起租、运行维护端到端全业务流程规范，为业务管理数字化奠定了坚实的基础。

通过对业务流程、数据标准、数据字典及企业关键数据（如站址编码、物资服务编码、供应商等）进行梳理，建立了以站址为核心的公共数据库，承建了一级架构的资产运营监控系统（见图5-4），承担了公司资源资产及生产运维监控管理工作。

图5-4　互联网资产运营监控系统

一、中国铁塔物联网平台功能架构

公司建立之初就打造了一级架构的资产运营监控系统（见图5-5），该系统一方面承载了生产运维工作，对铁塔的核心设备通过物联网等技术实现监控。同时，系统对监控的结果能够实时报警、实时派单，维护成本、修理成本、发电成本等在业务系统都有详细的订单，数据按月出账后在月中、月末分批次进入财务系统，对维护成本能够精准计量，实现了维护运营的数字化、自动化、智能化，发挥了物联网平台对建设和运营的支撑作用。

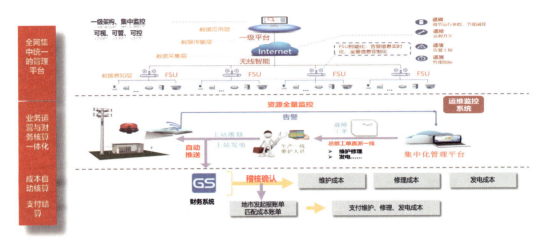

图 5-5　互联网资产运营监控系统功能架构

二、中国铁塔物联网平台核心功能

中国铁塔物联网平台核心功能主要有监控取信、标准建立、管理控制。

通过运营场景的数字化支撑和运营要素的网络化连接,实现站址运营的大数据采集、储存、管理、研究、应用等,从而实现站址运营管理全过程的数据监测,并通过对这些数据的挖掘分析,发现站址运营中存在的问题,引导、实现对存在问题的改正和资源的快速配置与再生,从而改变了传统资产管理"亡羊补牢"式的运营管理模式,及时预警风险、生成工单、解决问题,真正解决了站址运营管理粗放、效能低下的问题,全面实现了站址运营数字化、网络化、智能化。

中国铁塔建立了基站动环监控单元标准化体系,对铁塔动环监控系统中的相关接口进行了标准化,统一了全网 FSU 传输协议,解决了不同厂家私有协议的不兼容问题,实现了数据互通、全网监控、全网分析的目标。此外,公司对内部板卡全部进行了标准化,对所有部件按照统一模块标准设计,可以进行快速组装和扩展。

三、中国铁塔物联网平台应用功能

中国铁塔物联网平台应用功能主要包括故障管理、资产管理、数据共享。

一是生产要素数字化，资源资产可视可管。通过运维费用电子化管理、资源资产电子标签管理等手段，将线下开展的站址运营业务尽可能向线上转移，实现站址运营过程和结果的数字化。

二是生产要素网络化，运营数据高效应用。建立集约高效的数据管理平台，对站址运营数据、人员、代维资源、运维投入、客户服务质量等要素形成六大类数据的结构化存储，实现站址运营要素网络化连接，数据高效应用。

三是业务流程电子化，问题工单闭环管理。系统可分级分类生成站址运营问题工单，实现站址运营的工单派发、处理、回单、归档标准化闭环管理流程，提升站址运营效率和效果。资产运营监控系统的工单由系统自动生成，直接派发相关责任人，并能将各类问题处理过程和结果录入工单。在问题解决后，可以通过系统或人工将风险工单消除，自动对工单做归档处理（见图5-6）。

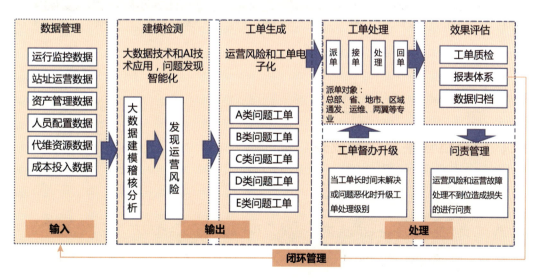

图5-6　问题工单闭环管理

四、技术平台实现

如图 5 - 7 所示，该平台采用云计算技术，整个系统构建在虚拟化资源池上，充分发挥了云架构高弹性、低 TCO（总拥有成本）优势，可以通过快速增加云服务器，实现采集、数据、应用等服务的平滑扩容，以应对不断增加的站点规模和监控内容。

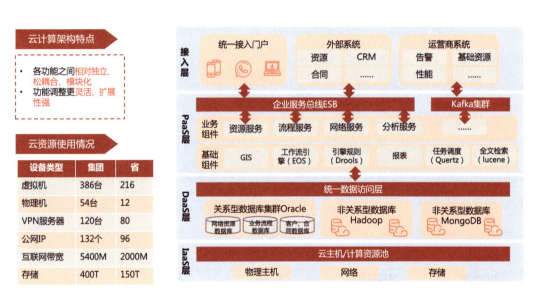

图 5 - 7　中国铁塔应用云计算搭建动环监控平台

五、资产运营平台运营成效

资产运营监控系统采用快速支撑、逐步迭代的建设思路，截至目前已实现对基本流程、主要功能和重点问题的支撑，实现了 204 万站址的全量维护监控，实现了全网数据监控、工单排发、工单回复，以及对全网约 2500 万各类动环监控传感设备的全生命周期管理，真正实现了数据平台化共享。服务客户的关键指标如平均断电时长下降

72%、平均故障处理时长下降37%、FSU 离线率下降62%，有效支撑了客户需求，客户满意度持续提升（见图5-8）。

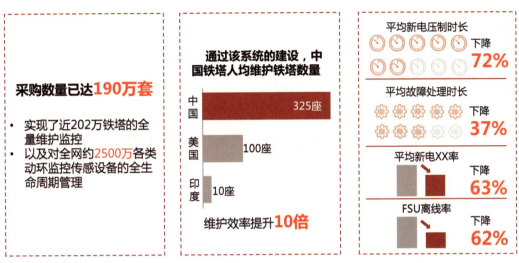

图 5-8　物联网动环监控平台运营情况

经过八年运营监控体系建设，公司数据监控、稽核能力持续提升，每年为客户节省近75亿元，实现了公司为行业降本增效的初衷和目标（见图5-9）。

图 5-9　物联网动环监控平台经济效益

第四节
人工智能技术在财务稽核中的应用

一、系统架构

基于业务规划和总体设计原则并依托先进的技术，中国铁塔构建了智能应用总体技术架构（见图5-10）。

图5-10 智能应用总体技术架构

（一）支撑环境

系统不仅支持跨平台运行环境（Windows 或 Linux），还能满足多种数据库要求，包括未来的国产化应用诉求；不仅能运行在高配置服务器上，还能运行在普通个人电脑（PC）、手机等移动终端和其他智能化硬件辅助产品上。

（二）支撑技术

数据操作层通过使用 EF Core 进行封装；在大数据通信时使用消息列队削峰、降低系统耦合性；使用容器技术对微服务进行有效管理；运用机器学习、自然语言处理（Natural Language Processing，NLP）、光学字符识别（Optical Character Recognition，OCR）、机器人流程自动化（Robotic Process Automation，RPA）等技术提供智能化服务。

（三）智能应用

智能化应用平台中包括已经在用的智能稽核、项目关闭等智能应用，支持定制智能关账、智能云图、智能报税等其他深化的智能化应用产品。

总体架构搭建完成，相当于骨架搭建完成，但是落地实现一个智能化产品还需相应的技术支撑。结合中国铁塔本期智能化项目建设需求，搭建智能化平台系统架构，如图 5-11 所示。

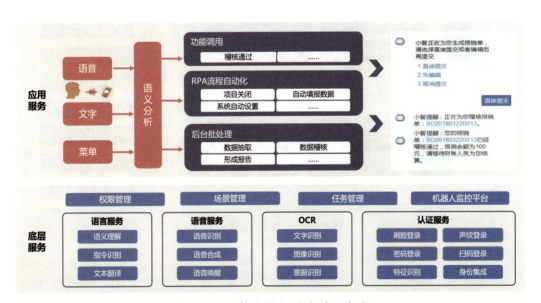

图 5-11　智能稽核平台系统架构

在应用服务中使用了语音识别、大文本解析技术，并利用 NLP 对语义进行分析，实现关键数据结构化，并通过获取的结构化数据驱动对应的项目关闭、智能稽核等操作。在底层服务中使用了 NLP、OCR、声纹识别等技术，支撑智能应用平台的智能业务处理功能。

1. 智能稽核平台建设实践

根据"提升效益、提升质量"的指导思想，中国铁塔首先在会计标准化的基础上，梳理主要报账业务流程，统一规范、标准；其次搭建智能稽核系统，通过数据采集、数据分析、流程定制、智能稽核等操作环节，将人工稽核转换为系统自动稽核，支撑报账规范检查的有效准确运行；最后建立系统集成接口，向前对接报账系统、合同系统、物业管理系统、PMS 系统，为稽核平台提供真实的数据支撑，向后形成报账稽核结果及稽核智能报告，用于审计及决策（智能稽核平台见图 5 – 12）。

图 5 – 12　智能稽核平台

中国铁塔"智能稽核平台"主要新增数据采集系统、影像扫描系统、流程定制平台、规则设置平台、自动稽核平台、运行监控平台六个信息化产品，主要涉及 ETL 数据采集、OCR 影像识别、数据计算及对比、计算机规则学习四项新技术。

2. 财务机器人 RPA 应用实践

智能稽核平台借助 RPA，模拟人的查找操作，在报账稽核环节对业务系统数据进行查询提取，使自动稽核真正实现以 7×24 的方式代替人工执行数据采集、数据录入、复核等业务操作。

RPA 应用实践主要新增 RPA 应用系统和 RPA 智能监控平台两个信息化产品，主要涉及微软计划任务、RPA 远程监控技术、RPA 多任务并发技术、RPA 邮件发送命令技术、RPA 与业务系统后台集成技术、RPA 异常任务熔断、RPA 异常任务分拣、RPA 异常信息提示、RPA 技术数据查询九项新技术。

3. 自助终端应用实践

作为自动化智能稽核的前沿业务，自助终端解决附件信息上传的规范化、准确性问题，提高报账人感知及异地报账的便利性，很大程度上消除了财务人员与报账人员的矛盾点。中国铁塔建设了智能柜自助报账终端设备，支持对纸质报账凭证的自助接收、自动有效性校验及自主退单功能。

自助终端接收并校验单据，既节省了财务人员和报账人员之间频繁交互的工作量，同时由于做到了投递时即对合规性进行自动校验，可做到当场退单和当场更正，减少了人机交互次数及人工退单率，提升了报账效率，提高了财务服务满意度。

通过标准的纸质单据管理规程，实现单据流转与归档可记录、可追踪，降低了纸质单据丢单的财务风险。随着终端储存能力的增加，对纸质单据的调阅管理更加方便，能够完全满足电子档案及纸质档案一体化、自动化管理的业务需要。

自助终端应用实践，主要新增智能单据柜设备、单据管理及单据柜控制系统、与报账和总账系统联动集成、与短信系统集成四个信息化产品，主要涉及 OCR 影像识别、机械臂自动控制、文件接收与储存、单据定位与提取四项新技术。

二、关键技术

（一）RPA

RPA 技术能够代替或者协助人类在计算机、RPA 手机等数字化设备中完成重复性的工作与任务。只要预先设计好使用规则，RPA 就可以模拟人工，进行复制、粘贴、点击、输入等操作，协助人类完成大量"规则较为固定、重复性较高、附加值较低"的工作。

从应用实践视角出发，RPA 技术具有两大特点：一是非侵入性。企业在进行 RPA 部署时，不需要改变其现有的信息系统，从而可以避开遗留系统冰山。二是灵活配置。RPA 技术具有非常强的灵活性，可以非常贴近企业自己的业务，实现无缝结合。RPA 可以帮助企业或者员工完成重复单调的流程性工作，减少人工失误，提高运营效率，降低运营成本，是企业开启智能化转型的钥匙，具体应用优势有四个：一是快速实施。数字驱动高效业务创新，快速实施验证业务流程，敏捷抢占价值空间。二是降本增效。降低运营成本，提升工作效率，有助于基于数据的决策。三是智慧流程。洞察企业痛点，快速响应交付，快速联结但不干扰底层。四是员工体验。减少重复劳动。

（二）OCR

OCR 是针对印刷体字符，采用光学的方式将纸质文档中的文字转换成为黑白点阵的图像文件，并通过识别软件将图像中的文字转换成文本格式，供文字处理软件进一步编辑加工的技术。如何除错或利用辅助信息提高识别正确率，是 OCR 最重要的课题。衡量一个 OCR 系统性能好坏的主要指标有拒识率、误识率、识别速度、用户界面的友好性，以及产品的稳定性、易用性、可行性等。

（三）NLP

NLP 即自然语言处理，是计算机科学、人工智能以及语言学的交叉学科，旨在解决计算机与人类语言之间的交互问题。这其中包括对自然语言的分析、理解、生成、检索、变换及翻译等方面。NLP 的目标是让计算机或机器在理解语言上像人类一样智能。缩小乃至消除人类交流（自然语言）和计算机理解（机器语言）之间的鸿沟。

（四）技术创新

1. 非侵入式智能机制

中国铁塔智能稽核机器人采用非侵入式工作处理机制，即数据采集、数据分析、智能稽核、人机互动等具体工作环节，由智能机器人模拟原财务稽核用户使用既有账号访问相关系统，并以前台化工作模式开展业务处理，无需采用接口集成等传统 IT 技术手段，大幅降低了业务系统改造风险、解决了程序运行黑盒化难追溯问题，同时可以十分便捷地提供业务规则管理的高扩展支持。

2. 无感式人机协作

利用智能机器人非侵入式工作机制，配套自然语言处理技术，对机器人稽核不通过的业务单据，稽核用户无需重新登录其他系统即可在原财务系统便捷地调用机器人相关组件，完成人工处理、机器人智能规则完善调优等，成功打造人机交互无感新体验。

三、应用场景

（一）智能报账全流程自动化

智能报账全流程自动化主要涉及以下五个智能化应用场景：

一是无接触提交单据及自动校验机制。通过智能柜接收纸质附件后，依托 OCR 影像识别提取附件中的有效信息，通过自动化稽核平台进行规则校验，提前识别所提供附件存在的问题并及时退单，确保提交资料的准确性，降低财务风险；同时，节省报账人时间，提升整体生产运营效率。

二是自动形成表单并提交进入审批流程。报账人将纸质附件放入智能柜，并通过自动化稽核校验后，智能柜系统根据接收的纸质附件数据，自动生成报账单进入报账系统，并进入对应的审批流程，审批流程结束后，经最后出纳环节确认，通过银企直联进行付款，减少了报账人提报单据、纸质单据传递、财务稽核人员稽核等环节。

三是自动生成稽核报告。在审批流程中流转的单据，系统自动生成稽核报告，包括本单据适用的稽核校验规则、各校验规则对应的本单的内容，以及校验结果。

四是自动生成记账凭证。报账单流程执行完毕后，凭证记账机器人自动抓取完成的报账业务数据，生成记账凭证。

五是主动学习优化规则。机器人通过自动化稽核平台设置的规则，根据采集的信息进行校验检查，对无法通过校验的报账单转由人工干预处理。其中，部分符合会计规则的单据，可作为符合项通过稽核。自动化稽核平台引入了规则学习能力，可以根据人工干预某种规则的情况，学习并补充规则库，作为后续稽核校验的依据。

（二）RPA 在工程项目自动关闭中的应用

由于铁塔建设项目周期短，建设数量多，规则相对固定，工程会计往往会陷入机械、枯燥的工作中。中国铁塔工程会计核算模块，在工程项目交付完成、工程转资及审计工作完成后，需要根据工程项目资料、审计完成及系统转资进度判断是否将此项目关闭，为项目经理提供项目验收依据。

机器人在这个场景中的应用如下：用户通过邮件发送给机器人关闭项目指令，指令中包含准备关闭的项目编号信息，机器人接到指令后将执行下列步骤：第一步，登录工程会计系统，打开项目关闭功能菜单；第二步，根据接收到的项目编号查询项目，并执行项目关闭操作，根据提示内容执行对应的操作。这个过程确保了项目关闭的及时性，同时加快了对供应商的付款进度，维持了良好的上下游生态关系。

（三）异构系统数据自动获取

获取异构系统数据作为财务稽核依据。在稽核过程中，除报账表单录入的信息、上传的附件信息之外，还需要获取其他信息系统的数据，如合同系统。在项目建设过程中，会受到商务原因、工期原因、配合度等影响，无法实现系统间对接，可通过采用当下流行的 RPA 技术，代替人员操作系统，使用系统已有的查询功能查找有用信息，并作为报账稽核的依据。

第五节
算力、算法在"数字塔"中的应用

算力是数字经济时代的重要生产力，作为算力基础设施建设的头部企业之一，中国铁塔紧跟数字化浪潮，发挥资源优势，深化共享融合，支撑算力基础设施部署，同时聚焦打造基于基站高点视频的 GPU 算力，创新研发铁塔视联平台，建立 AI 算法仓。通过"铁塔 + 5G + AI"，为千行百业提供"千里眼""顺风耳""智慧脑"，推动"通信塔"向"数字塔"升级。

一、发挥资源优势，支撑算力基础设施部署

公司 204 万站址、90 万机房遍布全国各地，是全球最大的信息通信基础设施服务商。通信塔上有 5G、下有光缆，配备有 7 × 24 小时的运维监控保障和储能备电设施，通信便捷、电力完备、配套齐全，形成了公司独一无二的资源禀赋。

随着算力从中心走向边缘，铁塔公司站址和机房紧邻用户侧，以点成面，覆盖各类业务场景，是天然、理想的边缘计算节点。同时公司依托统一的运维监控系统，充分利用物联网、视频监控、AI、边缘计算等数智化技术，构建数字孪生站点和智能运维能力，逐步实现对 204 万站址、超过 2500 万台设备的可视可管可控，一旦发现故障，监控系统主动报警、自动派单，实现资产"少人、无人维护"。公司数字化、智能化的运维能力为算力基础设施的运行维护保驾护航，确保安全稳定运行。

二、算力赋能业务能力，打造"铁塔视联"平台

铁塔公司基于基站高点挂载高清摄像设备，构建 GPU（图形处理）算力，同时创新研发"铁塔视联"统一平台，发挥 GPU 算力集约研判和数据边缘化处理的优势，提高算力赋能能力。

"铁塔视联"以"铁塔中高点视频监控能力"为基础，以物联网监控为辅，实现宽窄融合全覆盖。同时以"覆盖＋发现＋通知＋处理＋评价＋分析＋管理"七位一体闭环流程为核心，以"海量算法"为牵引，以"灵活配置"为手段，通过"赛马机制"形成算法更新迭代的良性循环，快速灵活支撑视频监控的不同应用场景，满足不同行业应用的需求（见图 5 – 13）。

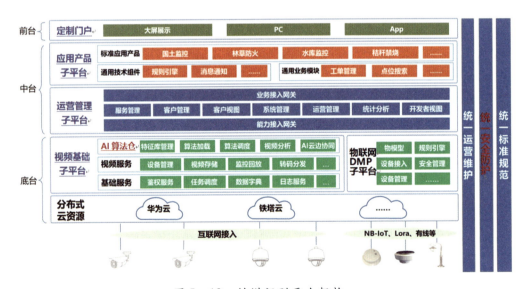

图 5 – 13　铁塔视联平台架构

视联平台采用底台、中台、前台三级分层架构，底台集中采集数据，中台业务集约管控，前台应用灵活定制、算法按需加载，其中算法是平台产品核心驱动之一。视

联平台在底台搭建算法仓,实现对算法的在线运营和管理,主要包括四类功能:

一是对外制定中国铁塔算法仓统一对接标准,实现多厂家多版本多算法的集中加载与统一管理,形成算法生态合作。

二是为第三方厂商提供算法标准化接口,通过准入自动化测试功能实现算法的接口检测和功能验证,建立了全面的算法评价体系,为算法"准入准出"机制提供依据。

三是对内提供统一的镜像管理、算力调度、资源监控等基础能力,对服务实例、服务器资源、分析任务等进行灵活调度,对资源消耗、任务状态等进行实时监控,支撑全国不同节点平稳运行。

四是实现算法服务自动发布、算法分析任务实时下发,利用算法 AI 分析快速识别告警事件,对上支撑告警信息推送,赋能上层应用。

三、多场景、多算法交叉融合,赋能千行百业

目前,铁塔视联已经广泛引入 100 余种成熟的 AI 算法,通过算法仓的准入测试、优化更新的迭代机制,快速灵活地支撑环境治理、资源保护、生态保护、乡村治理等不同场景的智能分析,广泛服务环保、林草、水利、农业、国土、交通、应急、数字乡村等领域,实现多场景、多算法交叉融合,赋能千行百业(见图 5 - 14)。

图 5 - 14　算法全流程管理

铁塔视联 AI 算法能够不断迭代、平滑升级、持续更新。利用强大的研发能力和海量视频数据，不断训练各种算法，提高机器视觉的识别准确率。例如云南摄像机的烟火识别知识，可以迅速传授给大兴安岭的摄像机；广东摄像机的工程车辆识别种类增加，可以让湖北的摄像机同步增加。平台同步训练和自学习的算法使摄像机的能力与应用范围越来越大。

除了引入行业成熟算法外，公司还不断丰富样本库，持续优化和测试算法模型，提高自主研发能力。如自研的烟火识别算法已投入生产，支撑山东德州齐河、山西朔州、广东湛江等项目 200 余路视频 AI 分析任务，同时集成到秸秆禁烧、林草防火两款铁塔自研视联应用产品中，和应用产品一起投入市场；自研船只识别、人员闯入和车辆闯入检测算法，目前也已完成 V1.0 版训练；公司基于短视频或实时视频数据，开发出运动目标检测算法、视频抖动处理、图像降噪处理、以图识图、告警区域重合度计算等图像算法。

未来，铁塔视联将立足资源优势，解决中高点位监控场景复杂、样本数据少等影响算法分析优化的问题，集中主导、开展中高点视频 AI 算法技术攻关，构建成熟高效的中高点位视频 AI 算法标准模型，提高算法的准确率，降低误告率，不断提升客户感知。

【案例 5 – 1】

江苏苏州：助力疫情防控

2022 年 5 月，苏州分公司依托铁塔视联，加载"人员闯入""机动车违停"等 AI 算法，在昆山开发区、巴城镇、陆家镇、花桥、锦溪古镇 5 个镇共接入 160 路高清摄像机，为苏州市疫情防控指挥部提供疫情防控全域监控。运行至今，已监控告警 285 起疫情期间违法事件，初步实现了代替人工的目标，有效地解决了由人工 24 小时轮班监控效率低的防控工作问题。

铁塔视联助力苏州防疫，是总部—省—市—区域联合作战、互相协作的典型案例。昆山区建设期间，一线现场踩点，48 小时完成 48 路摄像机的安装、开通使用；总部快速、持续开展算法优化，为客户提供"一次购买产品，不断享受功能、算法迭代升级"的服务。与此同时，其他客户也同样享受着苏州防疫算法优化带来的"迭代升级"功能，实现了"一点升级，全国共享"。

【案例 5 –2】

青海玉树：实时生态监控

2021 年 11 月，玉树州分公司为北京市海淀区山水自然保护中心提供三江源地区生物多样性监控服务，在玉树市哈秀乡云塔村、禅古水库部署 3 个监控点位，通过"野生动物闯入"AI 算法，实时捕捉雪豹、水獭等野生动物出现的珍贵影像。至今，位于哈秀乡云塔村的摄像机及 AI 算法已多次捕捉到雪豹的出现，珍贵的监控告警影像对于三江源的生物多样性监测具有重要意义。

与此同时，铁塔视联基于平台的开放性，将哈秀乡云塔村的雪豹监控视频以 API 接口的形式推送至央视新闻 App，同步实时播放铁塔视联视角之下珍贵的雪豹记录素材。

第六章

"价值＋数字"驱动型管理会计
体系探索成效与贡献

第一节
践行共享理念，数字运营实现价值创造

一、共享发展创造社会价值

中国铁塔自成立以来，始终坚持共享发展初心，立足客户导向、价值导向，积极转变建设服务模式、创新运营管理模式，打造"低成本、高效率、优服务"的核心优势，有力支撑网络强国建设和5G新基建战略布局。回顾公司8年发展历程，中国铁塔在为国家、为行业创造价值的同时，也实现了公司可持续高质量发展，从圆满完成成立之初的"三步走"计划，到上市后的"一体两翼"发展格局的逐步落地，从100亿元资本金起步，发展成为资产规模超3000亿元的国际化公司，公司经营业绩稳步提升，发展效益持续改善。

（一）积极服务数字中国，实现规模集约发展

中国铁塔积极践行共享商业模式，探索完善管理会计体系，坚持打造专业化、集约化的运营能力，成立以来，大力推动4G网络的规模化低成本建设，投资2000多亿元，建设通信基站数量是行业过去30年建设总量的2.3倍，推动我国快速建成了全球最大的移动通信网络，特别是5G启动建设以来，累计交付100.4万站址，其中97%以上通过共享实现，为网络强国和数字中国建设做出了贡献（见图6-1）。

在支持通信网络建设方面，新建铁塔共享率从公司成立前的14%大幅提升至近81%（见图6-2），一个铁塔从原先只能服务于1.14个客户提高至目前的1.81个客户，使电信企业建网成本大幅下降，累计少建铁塔92万座，节约了大量的行业投资和社会资源。

图 6-1　中国铁塔大力推动通信网络规模部署

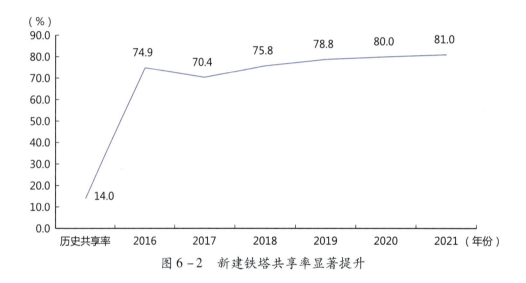

图 6-2　新建铁塔共享率显著提升

在服务通信行业、支撑 5G 新基建的同时，公司依托通信铁塔规模化、独一无二的资源优势和共享理念，广泛服务关系国计民生的各个行业，形成了全国最大的实用物联网共享应用平台，承载全国大气污染网格化监管、林草防火监控、国家地震烈度预警预报、北斗导航地面增强、警用集群、部队机房集中监控等业务，广泛服务于环保、国土、应急、公安、部队、地震、交通等领域，为国家治理能力建设和数字经济发展提供了有力支撑（见图 6-3）。

图6-3 全国最大的实用物联网共享应用平台

（二）发挥共享竞合优势，推动通信行业均衡发展

中国铁塔成立以来，通过共享大大提升了三家电信企业移动网络覆盖水平，截至2020年底，中国移动、中国联通、中国电信使用站址规模较中国铁塔成立之前分别增长了97%、143%和268%（见图6-4）。

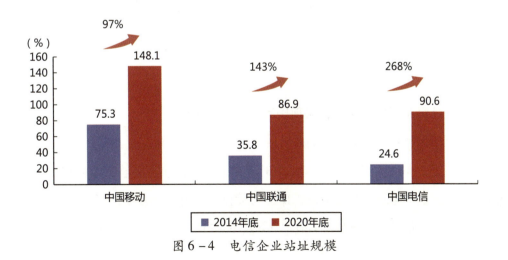

图6-4 电信企业站址规模

资源的充分共享，也促进行业移动通信能力发生了结构性变化。中国铁塔成立后，三家电信企业站址规模差距明显改善，有效推动了行业均衡发展（见图6-5）。电信企业前端竞争，后端合作，促进了通信行业高质量发展。

图6-5 电信企业使用站址规模比例变化

（三）缩小"数字鸿沟"，彰显国企担当

作为通信基础设施建设"国家队"，在缩小数字鸿沟方面，中国铁塔积极承担社会责任，协同电信企业做好普遍服务，加快推动通信网络向西部、向老少边穷地区延伸，为缩小"数字鸿沟"提供了基础支撑。2015年以来，公司新建铁塔站址中农村及乡镇站址占比达66%，西部12省份中多数地区站址增长高于全国平均水平（见图6-6）。以云南为例，中国铁塔成立后累计建成铁塔设施2.5万个，其中80%左右站址建在崇山峻岭的农村和山区。

（四）经营业绩稳步增长，实现国有资产保值增值

中国铁塔紧抓移动网络建设加速发展带来的机遇，不断深化共享，深入推进"一体两翼"战略，整体业绩保持稳健。2018年8月公司成功在港上市，融资75亿美元，为历年来最大的非金融中国国企香港IPO。公司通过上市进一步筹措了发展资金，扩大了资本实力，降低了负债率和财务成本（见图6-7）。

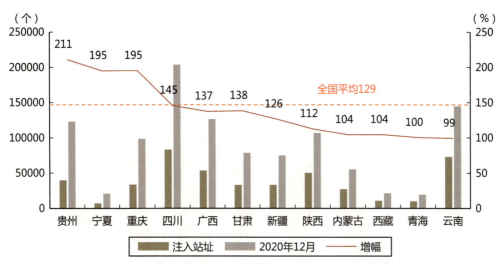

图 6-6 西部 12 省份多数地区站址增长高于全国平均水平

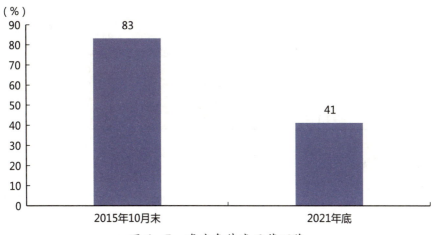

图 6-7 资产负债率显著下降

得益于深化共享创造价值，以及两翼业务的规模发展，公司由初期的严重亏损逐步实现扭亏为盈，利润逐年提升。2021 年实现收入 865.9 亿元，同比增长 6.8%，利润总额 96.2 亿元，同比增长 14.4%（见图 6-8）。公司的持续稳健增长得到资本市场的充分认可，2018~2021 年公司连续四年入选中国证券金紫荆奖"最具投资价值上市公司"，2019 年在《福布斯》全球数字经济 100 强中排名第 71 位、在《财富》全球未来 50 强中排名第 22 位。通信铁塔等原电信企业手中的边缘资产，经铁塔改革、专业化运营，价值得到极大提升。

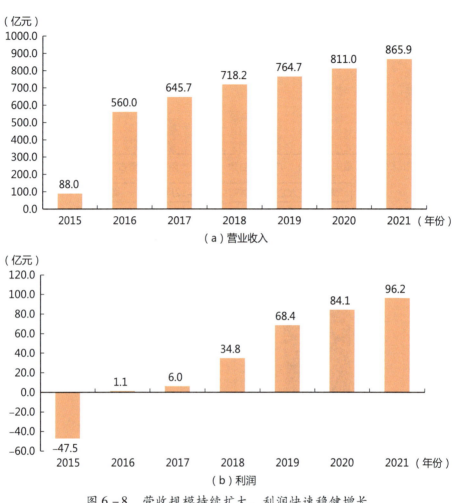

图 6-8　营收规模持续扩大，利润快速稳健增长

二、数字运营提升管理效率

中国铁塔成立以来，以打造集约、专业、高效、精益运营优势为目标，深化业财融合，积极推动企业数字化建设与运营，促进资源共享和价值创造，在创新运营管理模式的道路上做出了有益探索，取得了初步成效。

（一）资产管理数字化，提升资源资产使用效能

中国铁塔借助资产数字化强化资产全生命周期管理，实现了 204 万站址一站一个身份证，2500 多万个设备一物一条资产码，以及设备采购、工程施工、资产转资、生产运营、报废利旧等全生命周期的数字化闭环管理。通过数字化的场租管理、精准维护、拆站预警和资产调拨、利旧，中国铁塔积极推进资产延寿，促进提质增效，累计节约更新改造投资 66.5 亿元。

（二）业务运营数字化，提升生产维护响应能力

中国铁塔通过一级架构信息系统建设，采用"互联网＋N"运营平台，在业务、财务系统间高效、准确地传递海量数据，大幅减少了工作量。CRM 系统对 482 万条收入订单准确算费、出账，有效支撑计费结算；资源管理系统记录 2500 多万条资产实物信息，及时了解实物形态与资产状态；物业系统为 121 万张场租卡片进行自动算费、摊销；主数据系统对全量站址进行唯一"身份"标识，对客户、供应商、业主三类主数据分类管理，实现了 204 万站址数字化管理。

公司通过运维监控系统互联网化管理模式，对 204 万站址以及相关的 2500 多万个设备实时监控、在线管理，形成了迄今为止全国最大的物联网，得益于精准的维护管理，2021 年单站维护修理费较 2019 年下降 4.9%。借助电商平台的统一采购模式，支撑各分公司累计 887 万个采购订单线上流转，打破了传统采购模式区域市场壁垒，形成了全国统一市场。通过集约化、透明化的线上采购管理，在提高采购效率的同时，有效降低了设备采购成本。

（三）财务核算自动化，提升财务共享服务效率

中国铁塔以业务运营数字化为基础探索了一条有别于传统模式的财务共享路径，依托"业财资税"一体化的系统支撑，按照"网络核算、分级操作、数据共享"的原则，用有限的人力处理海量的数据流转稽核和加工处理工作，大大提升了会计核算效

率。总部财务部以目前 25 名财务人员的配置，面向 31 省份、388 个地市实施财务管理，提供总部一点出报和总部集中支付等财务共享服务。

中国铁塔通过业务、财务系统融合对资产形成和运营进行自动转资、自动核算，累计对近 894 万个项目运行自动转资，每月月初由总部对 31 省份及 388 个地市统一计提折旧和摊销费用，涉及资产总额 3000 多亿元，资产卡片 2500 多万张。总部每月初统一为各级省市公司一点关账，实现全公司核算业务集中统一控制。关账后，由总部统一生成 31 个省份及 388 个地市分公司财务、税务及管理报表。中国铁塔通过银企直联完成一点付款，中国铁塔在线商务平台从 2015 年 7 月开始下单，截至 2020 年底，总部一点支付结算金额超过 1080 亿元，整个在线采购和集中支付流程有序运转，公司资金管控力度进一步加强。

（四）单站核算精细化，提升价值精准管理能力

中国铁塔以单站核算为基础探寻精益化管理思路，总部一点为全国 204 万站点出具单站损益表，通过对标分析，细化管理颗粒度，精准定位生产运营中的短板，建立并完善具有中国铁塔特色的管理会计体系，推进各级分公司稳步提升运营管理能力和价值创造能力。

单站核算是中国铁塔管理会计的集中体现，也是中国铁塔管理会计的重要基石。借助单站核算体系，公司实现了下列目标：一是更精益的资源配置。单站造价、需求、效益等数据，总部与分公司共享，夯实了自主预算基础。二是更精细的成本管控。通过定位收支倒挂、单站亏损等异常站址，借助对标管理找短板促改善，与 2016 年相比，公司折旧摊销占收比改善 5 个百分点，场租成本占收比改善 8 个百分点，维护成本占收比改善 6 个百分点，主要成本项目占收比稳健下降，盈利能力显著提升。三是更精准的经营归责。通过站址组合对 2000 多个责任区域、388 个地市分公司、31 个省分公司的经营损益进行计量评价，督导业务部门规范和改善业务管理。

得益于数字化、集约化、专业化的运营模式，公司以总部 150 人服务支撑 380 多个地市分公司、2000 多个区域班组，实现了 2 万名员工管理超 200 万座塔类站址，人均

管理塔数 106 座，远高于国际同行人均管理站址数。通过小总部支撑大生产，小财务支撑大业务，助力通信网络规模化低成本建设，支撑业务拓展和共享深化，为国有资产运营型企业实现数字化转型、推动高质量发展提供了实践路径。

三、产学研结合研究成果和管理会计人才建设

（一）总结提炼，发挥产学研强强联合优势

中国铁塔与复旦大学成立管理会计管理创新平台联合工作组，复旦大学提供理论指导，中国铁塔负责平台建设、管理实践，产学研深度合作，将理论与实践相结合，携手创新，共同探索具有中国特色、铁塔特色的管理会计体系，实现了"1＋1＞2"的效果。根据中国铁塔提供的 30 余份有关综合运营、预算考核、业财融合、财务信息化管理等方面的实践案例素材，双方联合确定了关于共享经济与管理会计、价值导向型预算管理、数字化建设与运营、企业领导者价值观与公司行为等研究课题。

通过与复旦大学学术团队的交流，中国铁塔将数字化运营、精益化管理的创新实践总结成《深化业财一体化建设，构建数字化运营体系》一文，展现了在信息化以及业财融合的背景下，国有资产运营型企业深化管理会计应用、打造数字财务体系的新思路、新方法。该文荣获 2019 中国企业改革发展优秀成果一等奖。

复旦大学团队从理论高度总结了铁塔管理会计实践，先后完成《业财融合、预算功能定位与公司业绩——基于中国铁塔的案例研究》《基于共享理念与业财融合管理会计创新应用》等学术论文，结合中国铁塔实行的自主预算管理实践，深入研究在业财融合的管理环境下，弱化预算考核功能定位对预算管理效率与公司业绩的积极影响，系统分析了公司基于共享理念和业财融合的管理会计创新应用，为推广我国管理会计创新理念提供了借鉴。

（二）面向未来，打造可持续管理会计创新实践队伍

中国铁塔大力培养基于业财融合的复合型管理会计人才，融合业务和财务两方面

工作，将"价值＋数字"驱动型管理会计理念和价值主张深度融入业务和财务部门的人才队伍培养当中，搭建多方位平台，创新培养机制，营造良好的人才发展环境，全力推进公司"一体两翼"战略落地，助力公司高质量发展和价值提升。

一是推动数据运营，为管理会计人才内部培养提供"试验田"。运营数据真实、准确、完整是公司精益化管理的前提和基础，是合规运营的基本要求，是实现两型企业目标的根基。公司成立了专门的数据管理中心，建立数据管理模型、数据字典、指标体系、安全标准，完善数据管理规范和流程。公司财务人员可以利用数据管理中心提供的数据，开展大数据分析，深入最基本业务单元，对订单、卡片、项目基础业务数据进行实时监控分析。

二是打造产学研协同创新平台，为管理会计人才外部培养和引进提供学习发展实践通道。公司通过与复旦大学合作，在为复旦大学 DS&BA 项目提供真实商务案例开展学习和研究的同时，也紧贴公司市场和管理实务，吸收既深入了解商业模式又有强大技术背景的数据专业人才，提高公司财务人员在公司管理中数据建模及决策支撑能力。

三是成立云计算创新中心，为管理会计人才培养提供前沿技术支持。公司与浪潮集团在企业运营管理、决策支持、云服务、大数据应用等方面深入合作，利用浪潮集团在中国企业数字化转型项目中获得的成功经验，将云计算、大数据等前沿技术引入财务系统规划，在进一步加快推进公司数字化、智能化建设的同时，也为公司高级管理会计人才的培养提供了新的舞台，有效满足了业财一体化对综合性、跨业务、高层次专业人才的需求。

四是建立课题组工作机制，为高级管理会计人才的自我发展需求提供空间。公司加强内部交流和信息共享，开展重点业务流程、技术业务等专题培训以及实践交流活动，不断提高财务人员的专业技能与综合业务素养，对公司管理中的重点工作、突出问题进行集中攻关，通过课题组形式，与公司运营管理广泛融合，培养懂业务会管理高素质的财务人才，打造和树立榜样典型，营造了比学赶超、创先争优的局面。公司每年组织专业培训超 1.6 万人次，借助财务数字化对财务核算工作的解放，从事管理会计相关工作的财务人员比例接近 60％。通过参加专项工作、承担财务重点课题攻关任务等方式，在实践中锻炼骨干、发现人才，2020～2021年公司累计选拔近百名管理会计骨干人才，以创新实践为评定依据，实施"能进能出"，不断优化骨干队伍。

第二节
面向数字化时代的管理会计体系思考

随着新一代信息技术与经济社会深度融合，经济的数字化成为当下及今后一段时期最重要的发展趋势。数字化时代的到来给人们生产生活的各个方面都带来了巨大变化，企业更是面临新的机遇和挑战。一方面，企业所处的外界环境不确定性增强，信息更加复杂，决策的场景多元且频率更高，技术迭代可能随时颠覆现有的商业模式或打破现有的行业竞争格局；另一方面，几乎一切活动都可以以数字形式记录，企业沉淀的数据量爆炸式增长，连接数据比拥有数据更有价值。身处数字化环境，绝大多数企业提出要以数字化转型迎接挑战，而作为管理的重要组成部分，管理会计更要借助数字化的力量，围绕"价值"和"数字"双轮驱动，创新平台思维、赋能思维、大数据思维、智慧思维，打造面向数字化时代的管理会计体系。

一、平台思维：以平台化管理提升管理会计工具整合效果

管理会计服务于价值创造早已成为绝大多数企业的共识，变动成本法、全面预算、责任会计、作业成本法、平衡计分卡等管理会计工具在实务中得到普遍应用，但是总体来说应用效果并不理想。制约瓶颈一方面是信息获取成本较高，应用管理会计工具进行预测、控制、评价时缺乏精确性，另一方面是企业更多关注个别管理工具的应用，忽视不同工具的整合和进一步创新。在数字化时代，管理会计需要建立平台思维，根据公司的业务特点，打造统一管理平台，横向将业务系统与财务系统融合贯通，纵向

让总部与分子公司信息互通，打造共享、透明的管理环境。通过全国统一的管理平台，总部能够及时了解全国各地的业务动态与财务状况，利用信息的实时传递，对发现的问题及时跟踪、督促改进。各分公司依托统一的管理平台能够及时对标查找问题、分析原因，从降低建设成本、促进资产延寿、优化运营成本等多方面提高经营管理水平，进而提高盈利能力。依托管理平台，总部发挥集中管理优势，主动适应信息技术变化，有效提升管理会计工具的应用效果，为增强公司创收盈利能力提供手段。平台化管理模式有助于提高大型企业集团的信息透明度和决策效率，强化管理会计工具的实施效果。

二、赋能思维：以赋能前台增强不确定条件下管理会计应对效果

传统意义上，财务的管理目标是管控加服务，数字化时代财务的管理目标则是赋能加创新，一方面通过将模型嵌入系统流程支持智慧决策，另一方面通过自主预算、自我管理，实现决策下沉，打造敏捷前台。

（一）支持决策

财务需要把传统的管控和服务赋能给业务部门，让其自我管理、自我服务，以更及时、便捷的方式直接做出业务决策。财务部门将工作重心放在梳理业务场景、寻找问题痛点、挖掘价值空间，依据形成的管理思路提炼管理标准或模型，并将其内嵌在系统中，管理者输入参数便能灵活调度各个系统的数据，实时查询模型计算结果，引导管理者利用量化模型进行智慧决策。在这一过程中，财务并不仅简单地为业务部门提供决策数据支持，更是通过模型来引导管理者实现决策有依据、管理有标准，由此，引导管理者摆脱经验决策的局限，以实时量化模型及时挖掘市场信息、识别潜在风险，采取相应措施应对高度不确定的经营环境。

（二）决策下沉

面对复杂变化的经营环境，总部无法有效感知各地市场情况，需要通过决策下沉和前移的方式实现业务最优决策，而要避免"放而不乱"，就要推进自主管理，强调价值导向，自主预算方式可以更好地为业务赋能，从而打造敏捷前台。结合业财一体的集中化管理平台，企业可以调整预算功能定位，弱化预算考核功能而强化预算决策功能。一方面，降低预算考核指标在业绩考核中的权重或采用标杆管理等替代性业绩考核方法增加业绩考核维度和考核标准，削弱预算目标的重要性进而消除上下博弈的基础。另一方面，基于业财一体下管理精细化和透明度提升，实现预算目标制定自主化以降低预算松弛程度，通过提升管理决策的精细化水平，以合理的预算目标推动资源配置优化。

在价值创造导向管理环境和业财一体的背景下，传统预算管理强调的闭环管理理念可以进一步拓展思路，适当放开预算考核环节，补充引入其他管理工具，由封闭的预算管理循环转变为开放的预算管理循环，预算管理功能定位的调整有助于提升预算管理效率，提高企业的动态管控能力。

三、大数据思维：数据和数据模型构建成为
　　管理会计的重要内涵

数字化时代，数据已经成为与土地、劳动力、资本、技术等传统要素并列的新型生产要素，未来所有业务将由数据驱动、由数据血液供氧。建立高效的数据脉络，让大数据能够高效、敏捷地利用，支撑业务场景的快速创新，并形成大数据的有效回环，是"价值＋数字"驱动型管理会计建设的关键。

（一）数据分析

在数字化和业财一体的基础上，企业具备了强大的数据收集和加工能力，为管理

会计功能的发挥提供了良好的信息支持，未来如何有效挖掘公司运营与财务数据潜力，提升大数据背后的决策价值，包括利用大数据指导投资效益评估、业务预警、财务数据监控、成本动因分析等方面将是财务工作的难点和重点。结合大数据思维，公司能够充分挖掘海量精细化数据资源的潜力，优化决策模型，制定有针对性的价值提升方案，推广成本管控的先进经验，进一步探索公司管理会计与大数据管理的交叉融合，激活企业数据资源，成为预测分析、决策分析、成本控制、责任会计等管理会计多种功能得到良好运用的基础。

（二）数字员工

随着基础核算工作的自动化、智能化水平不断提高，一些低价值工作将更多地被RPA 机器人代替。未来，通过 AI + RPA 技术可以打造广泛应用于各行业的智能软件机器人，即能够"看懂文字、听懂语言、做懂业务"的"数字员工"，有力协助自然人员工分担和处理单调、重复、耗时而又有较强规律性的工作任务，推动生产模式与业务流程实现颠覆式创新升级。未来的职场上，人不仅要和其他员工打交道，还要掌握和数字员工协作的技能。这意味着，财务人员一方面要塑造自身的数字能力，另一方面要适应和主动拥抱人机协同的工作方式，组建超级团队。

四、智慧思维：新技术赋能管理会计加快企业智慧运营

大数据、人工智能、物联网等新技术的应用，将全面提升财务工作精确计量、精准定位、智能决策的能力。原来做不好或做不了的事情，在不远的将来都将逐一实现。比如在资产管理方面，随着射频技术的发展和应用成本进一步降低，非接触自动识别技术可用于对资产的入库、申领、盘点使用、维护、报废等生命周期各环节进行自动化管理，资产出入仓库、进入生产车间的同时，系统自动变更资产状态，实现资产动

态跟踪管理和资产清查高效实施；在风险控制方面，人工智能技术实时预警异常风险点，并且通过机器学习，计算机可以自我优化规则、不断提升识别准确率和响应速度，企业财务的数字化、智慧化运营水平进一步提升。

在数字化时代，技术与管理正在高度融合，技术的作用不仅仅是提高效率，更为企业带来流程的变化、组织的变化、业务的变革、管理模式的创新。面向数字化时代，管理会计应建立智慧思维，借助数字技术赋能，寻找预算、成本、绩效考核、资金管理模式的创新路径，结合企业实际需求大胆创新，加快企业财务智慧运营（见图6-9）。

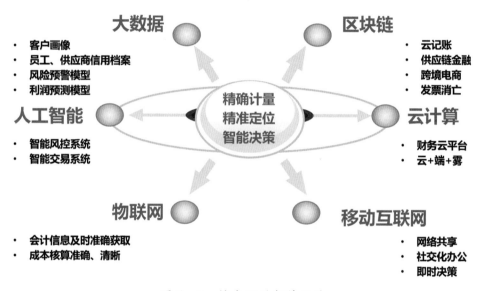

图6-9 技术驱动智慧运营

第三节
中国铁塔管理会计体系的实践创新和理论贡献

中国铁塔成立初衷是为数字经济的发展提供强有力的支撑，同时，作为数字化时代的产物，面对机遇与挑战，中国铁塔将平台思维、赋能思维、大数据思维、智慧思维融入管理会计体系建设中，结合企业自身发展阶段和重资产运营特征，走出了具有铁塔特色的管理会计之路。

一、中国铁塔管理会计实践创新

（一）加强顶层设计，推进战略落地

公司始终以打造"低成本、高效率、优服务"的"两型企业"为战略目标，为防止战略规划被束之高阁，公司不断强化创新体系的顶层设计，以战略的高度和发展的眼光优化创新体制机制，将集约高效的管理要求和价值创造的发展目标融入日常经营管理全过程，引领实现高质量、可持续发展。

面向外部拓展，公司不断加强对市场经营目标的统一规划、顶层设计，梳理和明确公司商务模式体系、资源配置方向等，借助平台运营能力及时获取前台信息，通过考核牵引、模型应用、对标管理等手段加强对基层分公司的指导、评价和监督。面向内部支撑，公司基于分布式资源和一体化运营优势，打造面向未来的平台运营能力，以业财一体建设、一级架构体系加强公司内部流程、规则、数据共享协同；对于分公司成熟的应用，如智能电费管理平台、智能稽核平台，组织快速复制推广，不断补充、完善现有平台功能；总部统筹把握"端管云边"能力架构，牵头推动公司平台运营的统筹规划，集中力量做好信息系统规划、技术支撑、数据治理、产品测试、风险防护，强化平台的健壮性和先进性。

（二）实行自主预算，赋能地市公司

在传统预算模式下，预算既担负着计划、协调和资源分配等决策职能，又作为业绩考核和薪酬激励的标准，成为控制系统的一部分，如果不恰当地使用全面预算管理，就会导致预算职能的冲突。传统预算中常见的预算松弛、预算编制中的讨价还价、集权式的管理理念、预算缺乏灵活性等问题大多与预算考核密切相关。中国铁塔基于共享、透明的管理环境，取消预算衔接平衡和预算完成率考核，在绩效考核中强调发展、突出效益，通过科学设置计分规则，将预算目标嵌入绩效考核体系中，引导分公司自主确定预算目标，高目标高激励，更好地服务于公司战略。同时将预算管理与对标管理相结合，分公司通过试算考核进行标杆对比，相互赛马、对标先进、寻找差距、促进改善。公司自主预算的创新机制提高了预算编制效率、削弱了上下博弈，将决策权下沉至一线经营单元，实现了预算与战略相互促进、分公司与总部目标统一，助力企业价值提升。

（三）拓展数字内涵，构建资产画像

在财务数字化浪潮下，企业需要依靠信息技术广泛采集数据，基于管理、管控和决策需求，有针对性地进行数据清洗、提炼，从而实现风险预警、财务预测、业务统计等，并以可视化的形式展现出来。然而数字化不仅仅是工具的应用，将流程、规则、实物以数字化形式呈现是远远不够的，企业更要锻造数字化的管理思维。作为重资产管理公司，资产数字化是公司数字化运营的关键。中国铁塔进一步丰富数字化运营内涵，从场景、内容、要素三个层面展开资产数字化管理。通过"一物一码"，公司对所有实物资产进行数字化；同时借助运维监控系统统一采集、集中管理设备运行数据、维护数据、客户服务数据等，对业务的运营状态也进行数字化呈现，一旦运营状态出现异常，系统将自动报警、派单，实现生产经营的智能化管理；建立资源资产一体化系统，实物资产在不同场景下的运营状态将在财务系统中实时对应展现，实现了能力与价值的一体化管理。通过场景、内容、要素三维度的数字化管理，公司有效归集内外部数据，形成资产画像，从物理属性、用户属性、价值属性等多角度对资产进行精细化分析，不断提升资产使用效益。

（四）逻辑集中共享，集约高效管理

基于规模效应、规范管理的需求，很多企业利用特定区域的人力、地区成本优势建立财务共享中心。然而物理集中的财务共享常常会带来财务组织架构变动较大、流程再造不彻底、财务人员能力有限、共享中心工作量过于集中等问题，"一集就僵，一

放就散"的弊端使得共享中心降本增效作用发挥不到位。中国铁塔充分利用 IT 系统支撑，借助互联网运营模式，通过"业务财务一体化、会计核算自动化"，实现了"一套制度、一个流程、一套标准、一个系统、一本账、一套表"，每月关账后总部一点集中向 388 个地市出具并推送财务报表、税务报表和内部管理报表，对数据进行基础分析和监控预警，并将信息推送给公司总部、省级和市级单位及各级管理层，有效支撑了公司经营决策。逻辑集中式共享是公司一体化运营模式和信息技术深度应用的结果，支撑财务人员主动走出办公室，主动融入业务，将财务职能通过流程和系统渗透到业务管理领域，在规范中支撑业务发展，在服务中强化价值管理。

（五）创新单站核算，数据同源共享

单站核算是具有中国铁塔特色的管理会计应用。公司借鉴"作业成本法"的原理，以单个站址作为成本对象，将场租、电费、折旧、维护费等作为资源，借助业务系统和财务系统的对接，从源头业务事项发生时，即将成本直接对应到单个站址，结合公共数据库中的信息，形成经分数据库中的单站基础信息、单站造价、单站收入、单站成本和单站利润，精确反映每个站址的盈利能力，进而反映每个区域、每个地市、每个省级分公司的盈利能力，为资源的合理配置、商务定价的优化、建设方案的选择提供依据。基于业财一体的管理要求，公司将业务经营单元、资源消耗单元、数据采集单元、责任单元合为一体，成为业务管理规范、对标管理、预算考核等管理工具应用的重要基础。

二、中国铁塔管理会计实践创新应用条件

（一）战略目标是导向

中国铁塔的管理会计创新是公司战略落地的客观需要，业财一体为公司战略提供高效、透明的管理环境，单站核算为公司战略提供精准、细化的数据支持，自主预算

为公司战略提供内生经营活力，对标管理为分公司落实战略指出改进空间。中国铁塔的管理会计创新，基于共享的基因，服务于公司的成长与价值创造，彰显了中国铁塔专业化的运营能力，为其打造"低成本、高效率、优服务"的综合竞争力提供了有力支持。

（二）集中统一的 IT 支撑是基础

中国铁塔利用自身的 IT 团队在业务系统软件研发能力方面的优势，开发出适合铁塔公司运营特点的 IT 系统，为公司的数字化运营打下了坚实基础。公司 IT 建设坚持自主开发、统一平台、资源共享、业务主导、服务基层。自有人员掌握核心技能，部分代码开发测试采用劳务外包的方式解决。公司 IT 部门坚持服务基层的理念，既支撑整体管理，也解决基层实际使用的问题，既是总部的 IT 部门，也为省级和市级分公司提供 IT 服务。在系统设计理念上，IT 系统设计坚持业务部门主导，结合一线实际进行流程设计，主导业务流程验证，为公司的业财一体提供了坚实保障。

（三）业财一体建设是核心

对于现代企业而言，业财融合不仅是业务流程与财务核算的融合，更是管理创新与价值创造的融合。中国铁塔的管理会计创新以业财一体为基础，细化管理颗粒度，加强预算管控效果，提升财务工作效率。中国铁塔结合自身经营状况，不断丰富业财一体管理理念。首先，推进财务会计和管理会计数据标准一体化。在设计会计科目的时候就通过搭建映射关系嵌入分场景、分业务信息，让管理会计信息和财务会计信息高度融合，实现财务会计和管理会计数据的一体化，解决财务会计信息后期还需加工转换为管理会计信息的问题。其次，推进业务和财务规则信息一体化。将财务规则融入业务管理，统一公司上下资产、资源等财务与业务的关键信息，促进业务财务信息资源的共享协同。最后，推进业务和财务系统一体化。全面打通财务和业务信息系统，贯通业财流程，业务人员在业务系统操作完毕，业务明细和财务数据自动同步生成，业务数据就是财务明细账，真正实现了业务财务一体化、会计核算自动化。

（四）领导力是重要推动力

管理会计体系建设影响公司方方面面，客观上需要企业管理层的持续重视和大力支持，属于"一把手"工程。中国铁塔包括"一把手"在内的经营层充分认识到管理会计应用对企业战略落地、价值创造的作用，形成了统一认识，大大减少了管理会计理念在实践中推广的阻力。资产精细化管理、平台化运营、对标管理、自主预算等管理理念已经成为中国铁塔管理文化的重要内容，公司各级管理者以准确识变应变的能力和坚定不移的决心不断深化数字化变革。

中国铁塔的管理会计建设正处于从数字化向智能化升级的发展道路上，在发挥数据价值，以数据、场景和算法建模为核心，推进经营管理从经验型、历史数据分析型向预测型、智能型和实时型发展方面，借助在线风险库、嵌入式风险检查、大数据分析和异常预警等手段，在对包括风险识别、评估、监控在内的风险管理支撑方面，基于数据整合的管理会计效用发挥任重道远。同时，部分分公司管理会计理念还不到位，数据管理能力不足，更依赖传统"人海战术"和"会战式"管理，未来公司需要进一步借助一体化平台，不断引导、督促各分公司培养数字化管理手段和具有数字素养的管理人才，加快公司智能化发展进程。

三、对未来财务工作体系的思考与展望

管理会计始终以战略为导向，以价值创造为己任。管理会计依据企业内外部环境，帮助企业制定并执行战略，并通过运用财务预测、决策分析、绩效管理等方法，能够起到确保企业调动最好的内外部资源服务于企业战略目标落地、为企业创造价值的作用。展望未来，基于价值创造的管理会计核心作用将更加突出，财务人员需要更多地聚焦在管理会计工作上，特别是在数字化经济时代，新的数字技术如物联网、云计算、人工智能等的应用，为公司提供了大量变革与转型契机，并将对财务工作进一步发展

产生深远影响（见图6-10）。企业管理对各类数据需求大量增加、运营数据呈几何级数增长和数据可获取难度降低等为企业财务工作开展提供了有利条件，同时也要求构建新的财务工作体系与之相适应，核算工作将更加智能化，业财边界逐步消融，业财一体化程度将进一步加深。结合中国铁塔财务工作实践，我们可以做出以下预测。

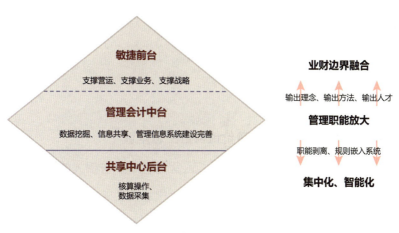

图6-10 未来财务工作体系展望

（一）财务核算集中化、智能化、社会化

业财一体建设以及智能技术的应用大幅提高了基础核算工作的标准化、自动化水平，未来随着共享理念的深化，重复性高、低附加值的传统核算工作、数据采集工作将更多集中在共享中心后台，由财务机器人处理，核算工作将更加智能化。互联网技术的应用使得共享的组织和地点选择越来越灵活，地理位置、实体组织将不再是决定财务共享中心建设的关键因素，共享中心建设将呈现"逻辑集中化"的趋势。同时，共享中心将以传统报账为起点向业财融合的纵深方向发展，不断加强服务一体化能力和横向融合能力，例如采购、税务、资金支付都将以标准化的流程纳入共享范围内，财务部门与供应商、客户、税务部门紧密联系，从企业内部共享进一步走向社会共享。

（二）基于价值创造的管理会计核心作用更加突出

随着共享中心的基础支撑定位更加突出，财务的很多传统职能都将被剥离至共享中心，如核算流程梳理、财务规则固化、报表出具等。而且随着运营数据的不断积累，共享中心的海量数据可变成企业的重要资产，满足随需而变的各级管理者对于财务分析、财务预测、决策分析的需要。由此，财务的管理职能将被进一步放大，财务人员需要更多地聚焦在管理会计工作上，尤其是数据挖掘、信息共享、模型构建将成为财务人员的主要工作。大数据、云计算等信息技术为管理会计的拓展提供了更加多元的技术工具和创新空间，财务需要从价值管理的角度，思考如何通过技术融合应用、管理理念创新来发现价值洼地，提供决策支持，以价值创造为目标的管理会计将成为公司战略落地的重要支撑力量。

（三）业财边界更加模糊，打造价值创造生态体系

通过业财一体深入建设，与业务支撑、运营管理等紧密相关的财务工作转向各个专业部门将成为必然趋势，财务部门将由理念输出、方法输出向人员输出转变，深度参与企业未来的战略规划和运营决策、企业层面的财务政策和制度制定，深度参与业务的事先、事中和事后全过程管理，实现财务部门从原先事后被动式反应的工作模式向事先主动式规划和引导的工作模式转变。未来，业财边界将逐步消融，财务部门将与业务部门共同打造敏捷前台。

随着数字化程度的不断提高，"平台＋生态"的商业模式将在越来越多的企业得到应用，财务的范围也将由企业内部延伸到企业外部，基于企业价值链乃至生态圈的上下游相关企业及监管部门、第三方合作伙伴等业务都将被打通，财务人员不再只关注本企业内部，对生态体系财务健康状况和价值创造能力的计量、分析和评价将日益重要。推进整个产业链的协同和价值最大化、构建商业新生态将成为管理会计关注的焦点。

管理会计无边界，价值创造无止境，面对"十四五"新发展时代带来的新机遇、新挑战，中国铁塔将保持共享初心不变，坚持经营主导、创新驱动，充分发挥管理会计的战略引导作用，推进公司在高质量发展的道路上迈出新的步伐。

附　录

专题研究报告

深化业财一体化建设，构建数字化运营体系

——中国铁塔财务数字化建设和运营实践

佟吉禄　高春雷

一、中国铁塔公司基本情况

（一）公司背景

中国铁塔是在深化国企改革、促进电信基础设施资源共享的背景下，经国务院批准于 2014 年 7 月由中国电信、中国联通、中国移动三大电信企业和中国国新出资设立的国有大型通信基础设施服务企业，担负着深化资源共享、服务"网络强国"和"数字中国"等国家战略、助力信息通信业高质量发展的使命与责任。中国铁塔营业范围主要是为电信企业提供通信铁塔等基站配套设施和高铁地铁公网覆盖，以及大型室内分布系统的建设、维护和运营服务。

中国铁塔成立后，明确了"快速形成新建能力、完成存量铁塔资产注入、择机上市并实现混合所有制"的"三步走"发展战略。从 2015 年 1 月起，公司全面承接三家电信企业新建移动通信基础设施需求；2015 年 10 月底，公司完成了对三家电信企业 140 万存量铁塔相关资产的注入收购，总交易对价达 2035 亿元；2018 年 8 月，中国铁塔成功在香港主板上市，融资规模达到 503 亿元，获得国际资本市场充分认可。截至 2020 年中国铁塔设有 31 个省级分公司和 388 个地市级分公司，拥有 202 万座塔类站址，资产规模超过 3000 亿元，是全球规模最大的通信铁塔公司。

公司成立以来，坚持价值管理理念，全面实施业财一体化建设，将管理会计理念深度融入企业运营全过程，创新企业管理手段，积极推进数字化运营，运营效率效益

得到明显提升。

（二）运营特点

中国铁塔具有以下四个显著运营特点：

1. 股东同是客户

三大电信企业把 140 万座铁塔资产出售给中国铁塔，形成中国铁塔的存量铁塔资产，同时中国铁塔也承接三大电信企业的铁塔建设需求。中国铁塔把存量铁塔和新建铁塔租赁给三大电信企业使用，即三大电信企业既是中国铁塔的客户又是股东，中国铁塔在承担自身价值创造的同时，还承担着为电信企业降本增效的任务，从而形成一种特有的运营机制，低成本、高效率、优服务客观上成为中国铁塔生存和发展的必然选择。

2. 商务模式重在共享

中国铁塔的存量资产来自三大电信企业，其利用铁塔资产为电信企业提供通信铁塔和室内分布系统的建设、维护和运营服务。中国铁塔的商务模式重在铁塔资源共享，公司给予客户铁塔共享服务费优惠，两家共享 7 折优惠，三家共享 6 折优惠，共享租户越多服务费越便宜，共享带来的边际收益是公司利润的主要来源，实现铁塔等站址资源边际收益最大化是公司资产运营的目标。

3. 资产高度分散

中国铁塔的资产特点是点多面广、高度分散，"凡有人烟处皆有铁塔"。截至 2020 年底，公司拥有 202 万座铁塔，分布在全国各地，东到黑龙江佳木斯，西到新疆克孜勒苏，南到海南三沙，北到黑龙江大兴安岭，海拔最高的铁塔在西藏日喀则，海拔5000 余米。公司 2 万多名员工，人均管理站址数超过 100 座。

4. 业务同质性高

中国铁塔由总部和 31 个省级分公司、388 个地市分公司组成，但各省、地市分公司业务管理内容相同，具有同质性。中国铁塔基于这个特点构建了扁平化和集中化的一级架构管理体制，实行制度、规范、流程自上而下一体化管理，这为建立全国统一的一级架构平台提供了便利条件，通过信息化系统垂直穿透，有助于形成透明、高效、固化的流程和作业体系。

综上所述，中国铁塔"股东同是客户"的运营特点决定了其低成本、高效率、优服务的企业管理目标。作为国有企业改革的排头兵，要实现价值创造目标，客观上不能走传统企业管理的老路，必须"穿新鞋走新路"，坚持集约化、专业化、高效化、精细化的运营模式，通过建立扁平高效、一级架构的 IT 系统，实现业务、财务一体化、数字化运营，最大限度地提升企业运营效率和效益。

二、中国铁塔数字化运营的内涵

随着信息化技术和互联网技术的迅猛发展，以大数据、云计算、物联网、人工智能等新技术所推动的数字化转型正迅速融入企业经营中，推动企业实现客户、产品、资产、服务等各个要素之间的数字化打通与连接，业财融合深度、财务共享范围进一步加大，为企业实现低成本、高效率、优服务的价值管理目标提供了解决方案。中国铁塔的数字化建设和运营之路是公司实现价值管理目标，打造集约化、专业化、高效化、精细化运营模式的必然选择。

（一）企业"一体两翼"战略目标的实现迫切要求数字化运营

中国铁塔成立的初心就是"共建共享"。坚持以共享为核心，深化电信企业"一体"业务，拓展跨行业和能源经营"两翼"业务，着力将公司打造成为国际同行中最具潜力的成长型与价值创造型"两型"企业是公司的战略目标。站址资源是中国铁塔赖以生存的核心资源，如何持续提升站址共享水平关系到公司战略目标的实现，这要求中国铁塔必须夯实资产运营基础，实现资产资源的数字化，通过对全量资源实时动态监控，才能充分发挥公司规模站址优势和专业化运营优势，做大做足共享文章。

（二） 低成本、高效率的运营模式迫切要求数字化运营

中国铁塔作为一家重资产管理公司，一方面面临点多面广、资产运营成本高的巨大压力，另一方面要向股东、客户提供优质高效的服务，进而达到互利共赢。低成本、高效率的运营模式客观上要求中国铁塔必须推进资产全生命周期数字化管理。在资产形成阶段，从项目立项着手，降低资产造价，把住投资源头；在资产使用阶段，精准维护，延长资产使用寿命；在资产退出阶段，要对拆站站址合理评估，加强退出资产的二次利用，从而最大限度满足资产高效运营的管理需要。

（三） 精益化管理水平的不断提升迫切要求数字化运营

中国铁塔站址资源既是运营的核心单元，也是收入、成本归集的最小单元，天然具有化小核算的特点，基于单站精益管理为目标的"单站核算"思路应运而生。单站核算既是管理会计理论在中国铁塔的创新应用，也是规范和提升业务管理的重要手段。掌握了单站造价、单站收入、单站成本、单站毛利率等信息能精准定位问题站址，提升精益化管理水平，但要实现 202 万站址信息全面展现，离不开数字化的信息手段，更需要构建单站管理的数字化运营体系。

（四） 企业规范化管理建设迫切要求数字化运营

中国铁塔的资产运营特点决定了其在生产运营过程中面临产业链条长、对外合作关系复杂、资金支付笔数多等特点。公司 202 万站址每月将产生 190 多万条电费账单、123 万个场租记录以及 2500 万张资产卡片对应的折旧等琐碎、庞大的工作量，人少事多的矛盾以及由此带来的监管、稽核、资金支付等规范性、风险性问题始终是中国铁塔关注的重点，这就要求中国铁塔必须借助信息化手段规范运营流程、依托数字化运营强化管理标准，降低企业运营风险。

总之，中国铁塔数字化运营是基于扁平高效、集中管理的运营模式，以资源共享最大化为目标，以财务价值管理为先导，充分利用新思路、新技术、新模式，深化业

财一体化建设，推进业务流程、财务流程、管理流程衔接融合，确保企业运营全过程业财数字化同源、一致和共享，从而实现财务运营管理模式创新升级，有效支撑企业提质增效，保障战略目标落地。

三、中国铁塔数字化运营的具体做法

（一）基于业财一体化原则构建一级架构 IT 支撑平台，统一数据标准体系，筑牢数字化运营基础

推动业财深度融合的基础是统一的业务、财务管理流程和规范的数据标准。从这两个方面出发，中国铁塔从公司成立之初就统一梳理了需求承接、订单签订、项目立项、项目施工、验收交付、客户起租、收入计量、运行维护端到端全业务流程规范，为业务管理数字化奠定了坚实基础。同时，公司配套建立了全面预算、物资采购、工程转资、资金收支、资产管理、会计政策与会计科目等财务管理制度，通过"网络核算、分级操作"实现财务核算自动化、网络化。按照自上而下实行全公司一套制度、一个流程、业务财务一体化的总体思路构建了具有共享、开放、互联等数字化特点的全公司一级架构信息系统支撑平台（见附图 1-1）。

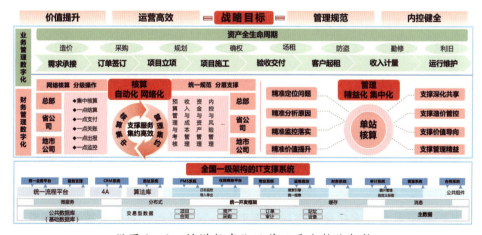

附图 1-1　铁塔数字化运营云平台整体架构

为实现数据标准化管理，中国铁塔省、市两级分别在财务部下成立数据管理中心，牵头梳理组织架构、站址编码、项目编码、物资服务编码、供应商、业主、客户等关键主数据，借助主数据信息管理系统明确主数据入口，由主数据系统分发给各业务系统使用，确保系统源到端主数据标准化。

1. 站址编码管理

通过公共数据库赋予唯一的站址编码，标识该铁塔站址的站址名称、站址类型、经度、纬度、所在地址等基本信息以及可以归集发生在该站址的所有事项，站址编码由公司公共数据库统一管理，做到一点管理、各系统同步使用，并贯穿公司全业务、全流程，统一了通信铁塔站址属性唯一标识码，实现了各系统数据统一和高效交互。

2. 物资服务编码管理

中国铁塔通信铁塔工程项目建设数量非常多，为实现工程项目管理的智能化，公司制定了一套完整的物资服务编码体系。公司为每类物资分配一个物资服务编码，物资服务编码承载该类物资的规格型号、转资规则、核算规则等，在项目建设过程中从立项、采购、交资到竣工等业务流程一码到底贯穿各个信息系统。

通过标准化物资服务编码体系，公司实现了工程项目管理信息系统从立项、电子采购、转资到竣工决算全流程智能化处理，真正实现了工程项目管理数字化、智能化。

3. 客户、供应商、业主编码

中国铁塔根据自身特点，对客户、供应商、业主三类主数据分类管理，明确定位三类主数据的管理重点和信息系统注册管理流程，支撑公司精细化管理需求。如公司组织、区域、供应商、客户、业主等信息通过建立唯一数据源以及数据管理和使用标准，确认每项关键业务数据的责任中心，确保数据维护和更新及时、合法、有效，提高了数据的唯一性和准确性。

在一级架构互联网管理模式下，公司实行小总部大生产，组织架构高度扁平化，总部人员仅 100 人左右，绝大多数人员配置在生产一线，保障了公司集约、高效运营。

（二）基于业务数字化要求搭建"互联网＋N"平台，有效支撑高效运营管理

一是创新采购管理模式，建设"互联网＋商务"平台。该在线商务平台将供应商各类运营物资、运营服务全部纳入电子交易系统,对铁塔、机柜、蓄电池等设备供应商施行统一认证和准入,利用电商模式形成全国统一市场,地市公司在线上商务平台下单,享受统一价格。在线商务平台的研发和使用,使得中国铁塔的供应商集中度得以提高,通过采购评价使得供应商生态链得以优化,支持各级采购人员高质量、高效率、低成本地开展阳光化采购,同时实现了采购全过程数字化(见附图1-2)。

附图1-2 电商化采购管理

二是创新运维管理模式,建设"互联网+运维监控"平台。借助该运维监控平台(动力环境集中监控系统),可以实现对全国铁塔动力设备和环境进行统一监控和统一派单。该监控系统包括集中监控中心(Supervision Center,SC)和现场监控单元(Field Supervision Unit,FSU)两个部分,其中,SC是面向多FSU管理的高级监控层次,即集团监控平台;FSU是监控系统的最小子系统,由若干监控模块和其他辅助设备组成,是直接面向设备进行数据采集和处理的监控层次，包含采样、数据处理、数据中继等功能。借助该物联网系统，中国铁塔可以实现遥调（调节运行参数，节能减排）、遥控（远程开关）、遥警（告警上报）和遥测（性能指标测试）。如 FSU 实时监控，可以随时获悉基站的温度、基站是否有电等基础信息，一旦发现问题（如断电 3 小时、超过蓄电池供电时间、需要到电站发电）就会报警，报警以后，总部通过 App 直接派单，一线维护人员据此上站，上站后发生的各项费用如维护成本、修理成本、发电成本等，通过运维平台与财务系统对接，实现各项成本费用的自动对接（见附图 1-3）。

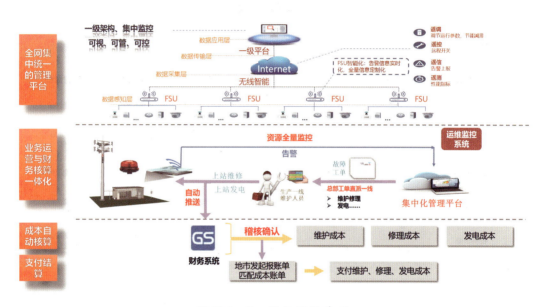

附图 1-3　运行维护管理

　　三是创新工程建设管理模式，打造"互联网＋模块化"工程建设平台。工程项目模块化是根据工程项目的构成，在管理平台上将项目统一划分为塔桅、塔基等产品模块，并在各模块下给出各子模块的名称、工作内容、计量单位及基准价格等标准化格式和内容，据此开展线上采购和审计等管理工作。模块化管理有力地推动了工程建设快速上量。模块化管理聚焦质量、进度、造价三大管理要素，坚持以"模块化组合方案＋商务平台采购"为抓手，合理控制造价；以标准化工序、工艺管理为抓手，强化质量进度管控；以"常态化监督检查机制＋内外部审计"为手段，实现常态化、规范化工程管控；通过业务层面、IT 支撑层面持续优化，实现工程文档归集电子化、财务交资电子化，让一线人员摆脱烦琐流程和案头工作，同时实现成本自动归集、自动转资，支撑财务自动核算。

（三）基于资产数字化要求搭建资产资源一体化系统，实现资产全生命周期管理

一是构建资源资产一体化的资产资源管理系统。中国铁塔资源管理系统负责管理实物信息，财务系统资产管理模块负责核算资产价值，资源与资产实行"一个入口、一套编码、一张标签、一个流程"的一体化管理。资源与资产数据统一由项目管理系统（PMS）系统一个入口生成，确保数据源头一致；资源与资产编码一对一映射，共用一套编码；资源与资产共用一张标签，一体化盘点；资产调拨、利旧、闲置、维修、盘点、转让、置换和报废等流程，全部由资源系统管理、监控，资源系统操作完毕，资产卡片自动更新状态、自动核算资产价值，全过程不需要财务人员干预，实现了资源资产一体化管理。

二是实现工程项目自动核算、自动装配、自动转资。通过"在线商务平台"，实现工程项目采购订单全部数字化，通过模块化的建设模式，实现物资和服务全部标准化，通过构建全系统统一的物资服务编码，实现全部物资和服务与资产的映射，在此基础上，统一工程项目核算、装配、转资自动化规则，从而实现了全部工程项目自动核算、自动装配、自动转资，全过程无人工干预。截至 2019 年 6 月，公司累计完成 499 万个工程项目，仅 900 亿元工程建设成本，全部由系统自动核算、自动装配、自动转资。

三是加强资产全生命周期管理。通过一体化的资源资产管理系统，以及一级架构的运维监控平台，实现资源能力的可视化、运营维护的可管理、运营成本的可控制。从工程项目建设开始，采取造价管控、阳光化采购、主动规划站址资源、土地确权、延长站址租期、防盗、勤修、利旧等措施，延长资源资产使用寿命，充分发挥资源资产效能，降低运营成本，为客户节约租金，为社会创造价值。

（四）基于划小核算单元理念搭建铁塔模式的单塔核算管理体系，大力提升精细化管理水平

中国铁塔资产分散、点多面广，为提高精细化管理水平，公司以数字化运营为基础，将管理会计理念融入生产运营，建立了具有中国铁塔特色的单站核算体系，实现了每个站址都可出具一张损益表。

1. 划小管理单元，实现单站核算

结合公司业务运营要求和经营管理特点，中国铁塔提出"单站核算、精细管控"的管理要求，主要基于业务系统和财务系统的对接，以物理站址准确归集资产、收入、成本，把业务系统和财务系统的收入、场租、折旧、电费、维护修理费等数据直接对应到单站，把间接费用按设置的规则统一分摊，结合公共数据库中的信息，形成经分数据库中的单站基础信息、单站造价、单站收入、单站成本和单站利润。

在业务运行过程中，通过单站核算，可以实时洞察业务数据异常，如造价异常、收入异常、成本异常等，进而指导业务部门规范和改进业务管理。

2. 建立单站核算报表体系，逐站出具诊断书

基于经分系统建立单站核算报表应用系统，通过对单站各类指标进行比较、分类、归档、分析、评价，进行单塔损益全口径核算与评价，实现一个站址一张损益表、一个经营责任人一张损益表、一个经营主体一张损益表，全面反映每个站址投资及盈亏情况。

单站核算主要功能有：通过数据建模搭建单站核算数据模型，实现各类数据的自动归集；通过报表工具快速提取各类业务数据进行站址投资、站址收入、站址成本、站址利润等多维度的数据分析；采用仪表盘形式实现数据的可视化展现，实时展示单站各类数据和关键业务指标；以经济责任主体为对象，建立专题分析模块，从不同应用目的入手支撑单站数据的深入挖掘和分析应用。

（五）通过业财数字化驱动财务创新，打造全新的财务共享模式

考虑到公司资产量大分散、人员少、业务同质化高等特点，中国铁塔没有采取传

统的人员集中的财务共享方式，而是采用逻辑集中的方式，通过"业务财务一体化、会计核算网络化自动化"，实现集中核算、一点关账、一点出报、一点结算、一点支付，打造全新的财务共享模式，支撑财务人员"走出办公室"，主动融入业务，将财务职能通过流程和系统渗透到业务管理领域，在规范中支撑业务发展，在服务中强化价值管理。

一是财务主动向业务侧延伸，将财务规则融入业务规则，将财务规范融入业务流程，将 CRM 系统、物业系统、电费系统、运维监控系统、PMS 系统等传统意义上的单纯业务系统打造为业务财务融合的系统，收入、场租、电费、维护费、工程项目等业务明细同时作为财务明细账，财务系统仅记录总账，业务人员在业务系统操作完毕，业务明细和财务明细数据自动同步生成，不增加业务人员任何负担，业务数据和财务数据天然一致，业务数据就是"财务明细账"，实现了真正的业务财务一体化和会计核算自动化。

二是通过核算自动化提升精细化管理。通过统一的会计政策和会计科目体系、一级架构的 IT 系统，建立横向协同化、纵向专业化、分类分级操作的核算组织模式，围绕逻辑集中、网络核算、数据共享的建设目标，设计分业务分场景的系统核算模板，将各类业务规则转化为财务核算规则，初步建成了逻辑集中的会计核算自动化体系，一点出报，统一推送给各省分、地市分公司，保证数据口径一致性和数据准确性。通过会计核算自动化，减少财务人员手工操作，提高工作效率，促进会计核算工作的标准化和规范化，杜绝人为调节，保证了会计核算及相关财务数据的准确可靠。

三是通过一点支付加强资金管理。中国铁塔采用总部集中支付模式，各分子公司在统一电商平台下订单，总部商务合作部统一对账、统一报账、统一进行资金稽核结算，通过银企直连统一完成付款。具体做法是：从项目经理在 PMS 立项、将工程设计清单导入电商平台，到商务合作岗勾选下单、地市公司项目经理收货验收，工程财务系统自动完成会计核算，商务合作岗和区域经理完成财务报账的业务稽核，电商平台自动汇总生成结算单并通知供应商开票，地市公司财务人员发票认证及工程会计财务稽核，再到总部结算支付的审核、复核及资金支付，实现了运营物资属地业务管理和业务财务稽核与总部一点支付结算的闭环控制与管理。

四、中国铁塔数字化建设和运营取得的成效

中国铁塔成立以来，充分发挥集约化、专业化、高效化、精细化优势，深化业财融合理念，积极推动企业数字化建设与运营，促进资源共享和价值创造，助力网络强国建设，在发展的道路上迈出了坚实步伐。

中国铁塔主营业务收入由 2016 年全面运营初期 560 亿元增长至 2018 年的 718 亿元，净利润由 2015 年亏损 36 亿元增长至 2018 年盈利 26.5 亿元，实现了成立两年扭亏、四年弥补历史累计亏损，2018 年 8 月顺利在港上市。2019 年上半年，中国铁塔实现净利润 25.5 亿元，较上年同期增长 110.6%，在盈利能力持续快速提升的同时，公司资产负债率由运营初期的 60.5% 下降至 42%。

（一）业务运营数字化，有效提升服务响应能力

中国铁塔通过一级架构信息系统建设，采用"互联网 + N"运营平台，在业务、财务系统间高效、准确地传递海量数据，大幅减少了工作量。截至 2020 年，CRM 系统已对 482 万条收入订单准确算费、出账，有效支撑了计费结算；资源管理系统记录 2500 多万条资产实物信息，有助于及时了解实物形态与资产状态；物业系统为 121 万张场租卡片进行自动算费、摊销；主数据系统对全量站址进行唯一"身份"标识，实现了 202 万站址数字化管理，对客户、供应商、业主三类主数据进行分类管理，实现了 200 万主数据标准统一。

截至 2020 年，中国铁塔通过高效的业务系统运营，实现了 2 万员工管理 202 万座塔类站址，远高于国际同行人均站址管理水平。通过运维监控系统互联网化管理模式，对 195 万基站进行实时监控、精细管理，中国铁塔的 FSU 连接 2500 万个设备，是迄今为止全国最大的物联网，通过精准的维护管理，2019 年上半年单站维护修理费较上年

同期下降 11%。借助电商平台的统一采购模式，支撑各分公司累计 682 万个采购订单线上流转，打破了传统采购模式的区域市场壁垒，形成了全国统一市场。通过集约化、透明化的线上采购管理，在提高采购效率的同时，有效降低了设备采购成本，公司平均铁塔新建造价较成立之初下降超过 40%。

（二）财务核算自动化，有效提升运营服务效率

中国铁塔以业务运营数字化为基础探索了一条有别于传统模式的财务共享路径，依托"业财资税"一体化的系统支撑，按照网络核算、分级操作、数据共享的原则，用有限的人力支撑了海量的工作，大大提升了会计核算效率。总部财务部以目前 25 名财务人员的配置，面向 31 个省份、388 个地市实施财务职能管理，提供集团一点出报和总部集中支付等财务共享服务。

中国铁塔通过业务、财务系统融合对资产的形成和资产的运营进行自动转资、自动核算，累计已对近 500 万个项目运行自动转资，每月月初由总部对 31 个省份及 388 个地市统一计提折旧和摊销费用，涉及资产总额 3000 多亿元，资产卡片 2500 多万张。总部每月初统一为各级省市公司一点关账，实现全公司核算业务集中统一控制。关账后，30 分钟之内统一生成 31 个省份及 388 个地市分公司财务及税务报表，以及 2000 多个区（县）管理报表。中国铁塔通过银企直连完成一点付款，中国铁塔在线商务平台从 2015 年 7 月开始下单，截至 2019 年 6 月，总部一点支付结算金额超过 660 亿元，整个在线采购和集中支付流程有序运转，公司资金管控力度进一步加强。

（三）单站核算精细化，有效提高价值创造能力

中国铁塔以单站核算为基础探寻精益化管理思路，总部一点为全国各站点出具单站损益表，通过对标分析，细化管理颗粒度，精准定位生产运营中的短板，建立并完善具有中国铁塔特色的管理会计体系，推进各级分公司稳步提升运营管理能力和价值创造能力。

中国铁塔依托单站核算体系支撑预算编制，实现预算精准管理。以单站核算为基

础，区别存量站址和增量站址分别编制预算。对于存量站址据实编制收入、成本预算；对于增量站址，坚持订单驱动，根据收支配比关系动态配置成本和投资，既保证预算资源对业务发展的及时有效支持，也坚持收支合理匹配的预算管控原则。依托单站核算体系加强过程管控，定位问题督导改进。各分公司通过细化单站造价、场租、维护费项目透视数据规范性，督导业务部门规范和改善业务管理，同时依托对标管理，聚焦收支倒挂、收支不匹配、单站亏损等异常站址，摸清差距，找到短板，促进价值提升。依托单站核算体系支撑考核管理，落实经营主体责任。将管理颗粒度细化到最小单元，通过站址组合对小到责任区域、大到地市的经营损益进行计量评价，落实经济责任，推进责权利统一明晰，实现精益化管理。2019 年上半年平均单站毛利较 2017 年增加 592 元，亏损站址比例较上年初下降 4.8 个百分点。

（四）资产运营管理数字化，提升资产资源使用效能

中国铁塔借助资产数字化强化资产全生命周期管理，实现了 202 万站址一站一个身份证，2500 万个设备一物一条资产码，从设备采购、工程施工、资产转资、生产运营、报废利日进行全生命周期的数字化闭环管理。通过数字化的场租管理、精准维护、拆站预警和资产调拨、利日，中国铁塔积极推进资产延寿，促进提质增效，累计减少更新改造投资 66.5 亿元。得益于对资产资源信息的全面掌握，深化行业共享，拓展社会共享，截至 2019 年 6 月，新建铁塔共享水平从 14.3% 大幅提升到 75%，站址租户数从组建初期的 1.28 提升到 1.57。

中国铁塔借助共享发展理念和低成本、高效率运营，到 2019 年，累计基站建设量已相当于过去 30 年整个电信行业建设的基站总和，助力三家电信企业建成了全球最大 4G 网络。同时通过共享，少建铁塔 67 万座，节约行业投资 1211 亿元，减少土地占用 3 万余亩，实现了企业、客户、社会各方共赢，充分彰显了国企深化改革的成效。

基于共享理念与业财融合的管理会计创新应用

——中国铁塔的案例研究

韩慧博　佟吉禄　吕长江　卜照坤

一、引言

随着信息技术和互联网技术的飞速发展，新技术推动的管理数字化转型正迅速融入企业经营的全过程，推动企业业务与财务之间的数字化打通与连接。在业财融合不断深入的环境下，如何将企业的战略理念与数字化管理相衔接，推动管理会计更好地服务于企业价值创造，是很多大型企业面临的现实问题。作为共享理念的探索者与践行者，中国铁塔股份有限公司在业财融合与管理会计创新方面进行了有益的尝试与探索。

中国铁塔股份有限公司（以下简称"中国铁塔"）成立于 2014 年 7 月，在此之前，中国移动、中国联通、中国电信三大运营商铁塔、机房及配套设施重复建设现象严重，"双塔并立""多塔林立"现象随处可见，造成资源的巨大浪费。在 4G 移动通信快速发展的背景下，基于共享理念，中国铁塔于 2015 年在全面承接三家电信企业移动通信基础设施的基础上，开展独立运营，为三大电信运营商提供站址资源的建设、维护及相关的信息服务。在成立 4 年后，中国铁塔于 2018 年成功在香港主板上市，并成为当年融资额最高的港股 IPO，获得国际资本市场的充分认可。截至 2020 年末，中国铁塔设有 31 个省级分公司和 388 个地市级分公司，拥有 202 万座塔类站址，资产规模超过 3000 亿元，是全球规模最大的通信铁塔公司。

作为一家重资产行业的公司，专业化运营资产、集约化管理资源、低成本高效率发展成为公司生存和发展的根本问题。公司成立 5 年以来，中国铁塔始终坚持共享理念，全面推行业财一体化建设，借助数字化运营手段将管理会计深度融入企业经营的全过程，积极推进管理平台化、经营数字化，取得了良好的实施效果。笔者将系统介绍中国铁塔基于共享理念和业务融合的管理会计创新应用，以期为推广我国管理会计创新理念提供借鉴。

二、中国铁塔的共享理念与公司战略

（一）中国铁塔的共享理念

从字面理解，共享即"共同拥有，一起享用"。中国铁塔的发展模式具有典型的共享经济特征，铁塔类资产由原来三家电信企业各自拥有各自使用，变为一家拥有、多家使用，甚至被全社会使用。因此，共享是中国铁塔的"初心"，也是价值创造的源泉。从公司成立至今，中国铁塔从初期的塔类资源共享逐步扩展到社会资源共享、能源共享、管理平台共享等多个维度，拓展了共享理念的范畴。

1. 行业资源共享

中国铁塔通过统筹原来三家电信企业的铁塔资源以及后续新建资源，由三家电信企业自建自用，变为共享使用。一方面，通过中国铁塔共享资源，有效降低了电信运营商的建设、维护、管理等成本，有利于统一建设规划，方便对接政府、社会及各业主。另一方面，塔类资源共享有利于推进网络质量的提升和服务质量的改善，使通信需求进一步得到满足。另外，资源共享有利于优化电信企业投资结构，加大新技术、新业务投资。在共享理念指引下，中国铁塔建设集中运营后端通信基础设施业务，与负责前端业务开发的电信企业不形成竞争关系。电信企业前端竞争，后端合作，各运营商在基础设施建设更公平、成本更低的基础上推动市场竞争，有利于促进形成理性的竞合关系。

2015 年以来，新建铁塔共享水平从历史的 14.3% 大幅提升到 75%，累计相当于减少基站建设超过 67 万座，节约行业投资 1211 亿元，节省土地 3.4 万亩。

2. 与社会资源的双向共享

一方面，公司的站址资源向社会其他领域开放，变通信塔为社会塔，利用公司分布于全国的站址资源为其他行业提供多样化的信息服务，如高铁高速监控、森林防火监控、土地资源监控、气象环境监控、卫星信号增强、渔业/海事监测、地震监测等。多用途共享在提高站址资源利用效率的同时增加了企业的经济效益。2019 年，跨行业租户数达到 17.6 万户，较上年增加 3.5 万户。另一方面，公司大量吸收社会资源用于满足网络通信覆盖的需求。公司充分利用灯杆、电杆、物业场所等社会资源，由"单点建塔"向"移动覆盖综合解决方案"转变，利用现有社会资源降低投资规模，节约资本支出。2019 年，公司统筹利用自有资源和社会资源，资本开支累计发生 271.23 亿元，资本开支占收比由 2018 年的 36.9% 下降至 35.5%，有效管控了投资规模和建设成本。目前，公司已经形成了铁塔基站向社会开放、社会资源为我共享的双向发展思路。

3. 能源共享

为保障全国站址的 24 小时全天候供电，中国铁塔建立了充足的电力能源保障体系。借助在能源储备方面的管理经验和技术优势，坚持共享协同，公司积极开展能源经营业务试点运营，初步形成了包括备电、发电、充电、换电在内的综合产品体系，培育了能源经营业务的发展能力。公司以基站电力保障能力和动力电池运营经验为基础，积极探索能源的社会化经营和服务。当企业客户出现正常断电或意外断电时，中国铁塔提供备用应急电源服务，还为公司及个人客户提供电池电力耗尽时的充电服务。2019 年，公司设立铁塔能源有限公司，将能源共享打造为公司战略发展的重要方向之一，积极布局前景广阔的社会能源保障服务市场。

2019 年，公司积极开展跨行业业务模式创新，在备发电、充电、换电及梯次电池利用等方面探索和布局能源的社会化经营和服务，跨行业及能源经营业务收入实现 20.80 亿元，比上年增长 70.2%。

4. 管理平台共享

中国铁塔由总部和 31 个省级分公司、388 个地市级分公司组成，但各省级、地市级公司经营模式基本相同，同质性较强。基于这种管理特点，中国铁塔构建了扁平化和集中化的一级架构管理体制，实行制度、规范、流程自上而下一体化管理。通过标准化、统一化的"互联网＋N"运营平台，实现数据在业务、财务系统间高效、准确的传输，形成信息化系统垂直穿透。这有助于形成透明、高效、固化的流程和作业体系，也是实现业务系统驱动财务处理自动化的关键。

公司总部和省、市分公司通过统一的管理平台，让所有的资产资源实现数据化、IT化，实现了管理资源共享、硬件资源共享、数据资源共享。应用系统采用云计算方式部署，实现了快速支撑及扩容，节约了成本。数据资源共享是通过公共数据库实现各系统数据源的统一，实现了一点修改、全网更新。在一级架构互联网管理模式下，公司实现了小总部大生产，组织架构高度扁平化，总部人员仅 100 人左右，绝大多数人员配置在业务一线，形成了集约、高效的运营架构。

（二）公司战略

在行业资源共享、社会资源共享、能源共享、管理平台共享的理念基础上，中国铁塔提出了深化以塔类、室分等运营商业务为主体，拓展跨行业和能源经营"两翼"业务，将公司打造成为国际同行中最具潜力的成长型与价值创造型"两型"企业的战略目标。为深入推动"一体两翼"战略落地，锻造核心竞争能力，公司根据自身业务特点，打造数字化运营体系，结合管理会计的创新应用，培育多点支撑的业务增长格局，经营业绩稳健增长。

2019 年，公司积极推进"一体两翼"战略布局，公司营业收入达到 764.28 亿元，比上年增长 6.4%。业务收入持续稳健增长的同时，收入结构趋于多元化。非塔类业务收入占营业收入比重由上年的 4.5% 提升至 6.6%。

三、管理会计创新应用

根植共享理念，中国铁塔结合自身资产高度分散、业务同质性高、商务模式重在共享的业务特点，依托业财融合，构建了基于铁塔公司自身特点的管理会计体系。

（一）服务于价值创造的管理会计整体架构

中国铁塔管理会计体系的整体架构可以概括如下：基于共享理念，以公司战略为导向，依托业财融合和 IT 系统支撑，创新整合精细化管理、标杆管理、预算管理、绩效管理等管理会计工具，服务于公司价值创造的总体目标（见附图 2 – 1）。

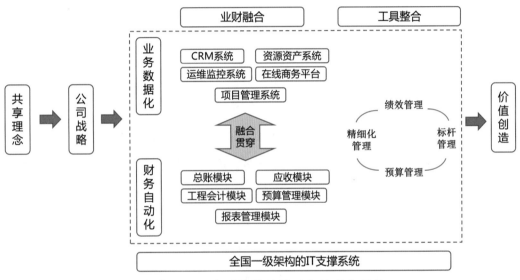

附图 2 – 1　中国铁塔的管理会计整体架构

为落实公司"一体两翼"战略，打造高效率、低成本的竞争优势，中国铁塔依托公司自主研发的 IT 管理信息系统，建立全国统一的一级管理平台，将业务数据化和财务自动化进行有效融合，建立业财融合的数字化管理环境，以"单站核算"为基础，将业务数据与财务数据在单站基础上进行统一精细化管理，实现精准造价管控、精准定位问题、精准分析原因、精准监控落实。以预算管理为决策工具，以标杆管理和战略导向的绩效考核制度为保障，整合精细化管理、标杆管理、预算管理、绩效管理等管理工具，构建服务于价值创造的管理会计整体架构。

（二）中国铁塔的业财融合

标准化的业务流程和规范的数据标准是推动公司业财融合的重要基础。中国铁塔从公司成立开始就着重推动这两项工作。一方面，公司统一梳理全部业务流程规范，从需求承接、订单签订、项目立项、项目施工、验收交付、客户起租、收入计量到运行维护全面实现流程标准化，这为数字化管理奠定了坚实基础。另一方面，建立了统一规范的财务管理制度和数据对接标准。按照自上而下实行全公司一套制度、一个流程、业务财务一体化的总体思路，构建具有共享、开放、互联等数字化特点的全公司一级架构信息系统支撑平台。

1. 业务数据化

（1）资产管理数字化。资产管理数字化的基础是统一数据标准体系。为实现数据标准化管理，中国铁塔成立了专门的数据管理中心，负责梳理组织架构、站址编码、项目编码、物资服务编码、供应商、业主、客户等关键主数据，借助主数据信息管理系统明确主数据入口，由主数据系统分发给各业务系统使用，确保数据标准化。以站址编码为例，站址编码用来标识每个铁塔站址的站址名称、站址类型、经度、纬度、所在地址等基本信息以及可以归集发生在该站址的所有事项，站址编码由公司公共数据库统一管理，做到一点管理、各系统同步使用，并贯穿公司全业务、全流程。除此之外，公司还建立了物资服务编码、项目编码、客户编码、供应商编码、业主编码等统一的数据标准和接入规则。在此基础上，公司搭建了资源资产一体化的资产资源管理系统，实现了资产全生命周期管理。资源管理系统负责对企业的实物资源信息进行管理，资产价值的核算由财务系统中的资产管理模块负责，实物资源与账面资产实行一个入口、一套编码、一张标签、一个流程，一体化管理。通过该系统，从资产的形成（包括项目立项、项目设计、项目建设、项目验收、项目决算）到资产的运营（包括资产维护、盘点、转让、置换、报废等）实现了全过程的数字化资产管理。

（2）"互联网＋运维监控"平台实现运营维护智能化。借助集中统一的运行维护监控平台，公司对遍布全国的铁塔设施动力设备和环境进行统一监控和监督维护，构建了"一级平台、集中管理、属地维护"的运营维护体系。平台基于物联网架构，使用了创新的智能数据采集器（FSU），统一接口协议标准，采用移动互联网的接入方式，实现了快速、高效、低成本安装，同时能够对底层网元设备进行遥调、遥控、遥信、遥测等操作。公司总部和省级、地市级分公司通过统一的管理平台实施运营，所有的资产资源实现了数据化，全国塔站可集中可视、可管、可控。

通过运行维护监控平台，借助各类传感器可以实时对各站塔的运行情况进行集中监控，随时获悉基站的温度、基站的电力状况等基础信息，如果发现问题，平台会自动发出警报，进行故障的快速收集、分析和处理，总部通过 App 直接派单至一线维护人员，维护人员据此上站，通过运维平台与财务系统对接，实现该站址维护成本、修理成本和发电成本的自动归集。智能化的运营维护平台有效保证了公司高效、低成本地进行海量资产运营（见附图 2 – 2）。

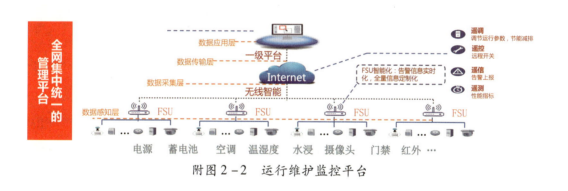

附图 2 – 2　运行维护监控平台

（3）采购管理平台化。通过自主研发、自主运营中国铁塔"在线商务平台"，创新采购管理模式。该在线商务平台采用电商模式构建全国一级采购平台，将供应商各类运营物资、运营服务全部纳入电子交易系统，对铁塔、机柜、蓄电池等设备供应商施行统一认证和准入，利用电商模式形成全国统一市场。全国各地分公司的物资采购统一通过在线商务平台下单，公司总部对供应商进行统一认证、统一准入、统一价格、统一支付。采购管理平台化使公司供应商集中度大幅提高，缩短了采购周期，大幅降低了采购成本。平台化采购使供应商生态链得以优化，实现了采购全过程数字化，支持各级采购人员高质量、高效率、低成本地开展阳光化采购。

2. 财务与业务的融合共享

考虑到公司资产量大且分散、人员少、业务同质化高等特点，中国铁塔通过业财融合，推动会计核算网络化、自动化，实现业务推送数据、损益自动核算，资产核算自动化，财务集中核算、集中管控的财务模式，将财务职能通过流程和系统渗透到业务管理领域，在规范中支撑业务发展，在服务中强化价值管理。

（1）收入与营业款核算自动化。公司通过客户关系管理系统（CRM系统）与财务核算系统之间的数据对接共享，实现收入与营业款收回的自动核算，具体包括营业收入和营业款收回两个方面。

对于收入确认核算自动化，主要的流程为：每月先由客户关系管理系统（CRM系统）根据客户的起租计费方式预出账，经业务审核、财务审核无误后正式出账，然后将收入数据通过系统接口传送至财务核算系统的应收模块，财务核算系统根据核算规则将业务数据转换为核算凭证，自动生成各地市应收及收入凭证传至总账。

营业款收回核算的自动化流程主要包括：由CRM系统出具客户结算清单，经客户确认后，向客户开具发票并通知客户付款；通过资金系统查询确认客户回款，然后由资金系统先推送结算款至应收模块记入预收，再推送至CRM系统，由客户经理在CRM系统进行应收款项核销，CRM系统再自动传送核销数据至财务核算系统的应收模块，由出纳在应收模块核销应收账款，生成收款核销凭证至总账。

（2）场地租金核算自动化。场地租金成本是公司的重要成本构成之一，其自动化核算，是通过合同系统、物业系统与财务系统的数据对接和推送实现的。场地租金成本原始信息统一来自合同系统，由合同系统一点录入、一点修改。合同系统将场租信息推送至物业系统，物业系统根据合同信息自动生成场租成本卡片，同时，按月自动根据合同金额、合同期限生成月度场租金额，并准确匹配至站址和合同，自动推送至财务系统。付款由物业系统发起，经报账系统传递至资金系统一点支付，最终实现了从合同系统到物业系统再到财务系统"源头录入、自动传递、刚性管理"的自动核算机制，真正实现了场地租金业务的业财融合。

（3）资源资产一体化管理。通过资源资产一体化的资源资产管理系统，实物资源与账面资产实行一个入口、一套编码、一个流程的一体化管理。为确保数据源头一致，资源与资产数据统一由项目管理系统（PMS）一个入口生成。由资源系统管理和监控实物资产的各项流程，包括调拨、利旧、闲置、维修、盘点、转让、置换和报废等，在资源系统操作完成后，资产卡片自动更新状态、自动核算资产价值，全过程不需要财务人员干预，有效实现了资源资产一体化管理。

（4）工程项目的自动核算。公司通过"互联网＋模块化"方式进行工程建设项目的管理。模块化是为了实现物资和服务全部标准化，具体方式是将项目统一划分为塔桅、塔基等产品模块，并在各模块下给出各子模块的名称、工作内容、计量单位及基准价格等标准化格式和内容，据此开展线上采购等管理工作。结合"在线商务平台"进行统一采购，控制项目工程的采购质量和造价。两者相结合有助于提升对项目质量、进度、造价三大管理要素管理的能力。

通过"在线商务平台"，实现工程项目采购订单全部数字化，通过构建全系统统一的物资服务编码，实现全部物资和服务与账面资产的对应，在此基础上，统一工程项目核算、装配、转入固定资产等自动化规则，从而实现了全部工程项目自动核算。

（5）资产全生命周期管理。通过业务系统、财务系统与一级架构的运维监控平台相结合，对资产进行全生命周期管理，实现资源能力的可视化、运营维护的可管理、运营成本的可控制。从工程项目建设开始，通过模块化设计与在线商务平台的结合，实现资产从项目立项到项目决算的自动化核算。依靠资产资源系统的一体化设计，从资产形成到后期的资产运营全程一体化处理，充分提高了资源全生命周期的管理能力，降低了运营成本，为社会创造了价值（见附图2－3）。

3. 管理精益化——建立单站核算管理会计体系

为了准确反映各物理站址的成本和效益情况，公司通过业务与财务系统对接，将业务系统中的数据直接对应到每个单站，同时财务系统中以每个物理站址为核算对象，准确归集资产、收入、成本，全国数百万的站址对应着数百万张损益表。以单站核算为基础的精益化管理结合公司运营监控平台，可以随时为管理层提供各站址的运营状态和损益情况。在单站核算的基础上，各层级责任主体都能够清晰地表现其业绩数据，实现了"一个站址一张损益表、一个经营责任人一张损益表、一个经营主体一张损益表"。

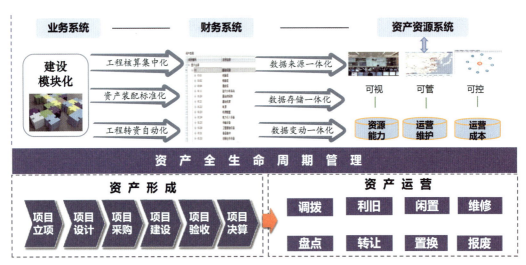

附图 2-3　资产全生命周期管理

以单站核算为基础的精益化管理，为公司的运营管理提供了有力支撑。首先，单站核算有助于提升全面预算的精准管理水平。精益化的预算管理，可以帮助公司精准定位问题，及时发现数据异常，精准分析原因，找到提升单站收益和投资报酬率的方法，从而促进经济效益提升。其次，单站核算支撑过程管控，有助于定位问题督导改进。通过设立内部标杆，督促各分公司之间找差距、促改进。最后，单站核算支撑考核管理，便于落实经营主体责任。每个单站对应各分公司责任中心，可以清晰地反映各责任中心的业绩差异，有利于业绩考评。

公司坚持精益化管理，依托单站核算体系强化建设方案、平台采购、过程管控、成本对标评价等管控。通过单站核算对经营发展全面体检，精细化收入管理、收支配比、经济效益评价及全面运营、投资评价和预算管理。借助透明、高效的互联网管理模式，精准集约使用成本，促进了降本增效。

4. 战略导向的绩效考核制度

为落实公司战略目标，中国铁塔对未来三年的发展规划为：确保营业收入增幅在国际同行中保持领先，利润增长明显超过收入增长，打造国际同行中最具潜力的成长型与价值创造型"两型企业"。2019年，为承接公司战略目标规划，强化分公司自主经营能力，中国铁塔对省、市级分公司设置了统一的绩效考核制度。

考核指标体系分为业务发展（以营业收入增长率衡量，并根据 EBITDA 率和回款率调整）、经济效益（以资产报酬率衡量，并根据利润改善贡献率、利润完成差异率调整）、重大责任事项（包括综合服务能力、内部控制规范和安全生产三个方面）三大类业绩指标（见附表2-1）。其中，业务发展类指标与发展规划中的营业收入增幅要求相匹配，经济效益类指标与发展规划中的利润增长要求相匹配，重大责任事项类指标体现了公司的风险管理要求。

附表2-1　　　　　　　　　　分公司绩效考核方法

考核类别	考核指标	分值
业务发展（50分）	营业收入增长率（EBITDA 率、回款率）	50分
经济效益（50分）	资产报酬率（利润改善贡献率、利润完成差异率）	50分
重大责任事项（扣分）	1. 综合服务能力	
	2. 内部控制规范	
	3. 安全生产	

根据绩效考核得分以及各分公司之间的内部排名情况，决定绩效考核结果。通过将省分公司年度绩效考核结果与省分公司领导班子年度绩效薪酬挂钩，充分发挥绩效考核的"指挥棒"作用。同时，将绩效考核结果作为干部任免提拔的重要量化评价参考依据。通过加大年度绩效考核在省分公司工资总额增量中的挂钩比例，统一各分公司价值导向，进一步强化绩效导向的分配机制。

5. 预算管理与标杆管理的有效整合

铁塔公司的预算管理特点主要表现为：一是预算编制精细化，分区域、分产品、分客户、分增存量编制预算，以单站核算为基础，实现收入、投资、成本预算的精细化编制。二是预算编制目标自主确定。依靠业绩考核制度的引导和精细化单站核算，鼓励各分公司自行确定预算目标。在业绩考核制度中设置利润完成差异率调整指标，利润完成差异率指标 = （本省某年利润总额实际完成数 ÷ 当年本省上报利润总额预算 – 1）× 100%。如果利润完成差异率在 ±10% 以内，不扣分；超过以上标准的，视差异情况扣 0.2 ~ 1 分。这可以引导各分公司报出更准确的预算目标。三是预算管理与标杆管理相结合。根据各分公司的自主申报情况，中国铁塔对各分公司预算情况进行汇总反馈，试算考核指标得分。各分公司在自主申报预算目标的基础上，可以将根据预算情况做出的试算考核得分与其他分公司进行标杆对比。借助内部标杆管理，各省分公司可以明确与全国平均水平、全国先进水平之间的差距，并找到具体原因。为帮助各分公司进行横向对标，公司设置了详细的指标分解，为各分公司的决策提供细致、明确的指导。将标杆管理前置化到预算期之前，由各分公司自行对标先进、寻找差距，可以促进改善，并据以调整其预算目标，如附图 2 – 4 所示。

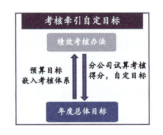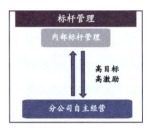

附图 2 – 4　中国铁塔的预算管控框架

四、启示

（一）结合公司的业务特点，以平台化管理提升管理会计整合效果

中国铁塔的业务特点是：资产高度分散、全国业务同质性高、商务模式重在共享、

专业化运营资产,这些业务特点决定了公司必须以低成本、高效率的运营模式作为生存和发展的基石。

根据公司的业务特点,中国铁塔打造统一管理平台,将业务系统与财务系统融会贯通。通过全国统一的管理平台,总部能够及时了解全国各地的实时业务与财务情况,利用信息的实时传递,对发现的问题及时跟踪、督促改进。各分公司依托统一的管理平台能够及时对标查找问题、分析原因,从降低建设成本、促进资产延寿、优化运营成本等多维度提高经营管理水平,进而提高盈利能力。依托管理平台,总部协助各分公司主动适应变化,学会依托系统和数据管理好企业。依托管理平台进行的单站核算、资产全生命周期管理、预算管理等,公司有效提升了管理会计工具的应用效果,增强了创收盈利、提质增效的能力。可见,平台化管理模式有助于提高大型企业集团的信息透明度和决策效率,强化管理会计的实施效果。

(二) 业财融合是创新管理会计的核心,要渗透于生产经营全过程

中国铁塔的管理会计创新是以业财融合为基础实现的,有效的业财融合细化了精细化管理的颗粒度,加强了预算管控的管理控制效果,提升了财务工作的效率,为更好地实施业绩管理提供了基础。中国铁塔通过打造业务财务融合的系统,将财务渗透到各个业务领域。收入、场租、电费、维护费、工程项目等业务明细同时作为财务明细账,业务人员在业务系统操作完毕,业务明细和财务明细数据自动同步生成,实现了真正的业务财务一体化和会计核算自动化。依托业财融合的系统支撑,中国铁塔用有限的人力支撑了海量的工作,极大提升了会计核算效率。总部财务部以目前 25 名财务人员的配置,面向 31 个省份、388 个地市实施财务职能管理,提供集团一点出报表、总部集中支付、自动转资、自动核算,实现了全公司核算业务集中统一控制。

(三) 业财融合需要有明确的公司战略为导向

业财融合是公司战略落地的客观需要。中国铁塔的业财融合为公司战略提供了更加高效、透明的管理环境,有效提升了管理会计工具整合的实施效果。另外,有明确

的战略引导，才能更好地发挥业财融合的功效。中国铁塔的业财融合，基于共享的基因，服务于公司的成长与价值创造，彰显了中国铁塔专业化的运营能力，为其打造"低成本、高效率、优服务"的综合竞争力提供了有力支持。

（四）集中统一的 IT 支撑是基础

中国铁塔通过自身的 IT 团队在业务系统软件研发能力方面的优势，开发出适合铁塔公司运营特点的 IT 系统，为公司的数字化运营打下了坚实基础。公司 IT 建设坚持自主开发、统一平台、资源共享、业务主导、服务基层。自有人员掌握核心技能，部分代码开发测试可以采用劳务的方式解决。公司 IT 部门坚持服务基层的理念，既支撑整体管理，也针对基层实际使用的问题，既是总部的 IT 部门，也为省、市分公司提供 IT 服务。在系统设计理念上，IT 系统设计坚持业务部门主导，结合一线实际进行流程设计，主导业务流程验证，这为公司的业财融合提供了坚实保障。

（五）不足之处与改善的方向

在业财融合的基础上，中国铁塔具备了强大的业务数据收集和加工能力，为管理会计功能的发挥提供了良好的信息支持，但是在如何有效挖掘公司积累的海量运营与财务数据潜力、提升大数据背后的决策价值方面还有很大的发展空间，包括利用大数据指导定价决策、投资前评估、业务预警、财务数据监控、成本动因分析等方面还需要进一步探索。接下来，公司将充分挖掘海量精细化站址数据资源的潜力，优化投资决策模型，制定有针对性的价值提升方案，推广成本管控的先进经验，进一步探索公司管理会计与大数据管理的交叉融合，实现公司智能化管理水平的跃升，积极推动数字化背景下我国管理会计体系的创新。

中国铁塔基于绩效考核与评价引导的全面预算管理实践探讨

卜照坤

《孙子兵法·始计篇》有云：多算胜，少算不胜，况无算乎？这句话表明预算直接关系到企业的生死存亡。全面预算管理作为企业内部经营管理中的一种有效方式，充分体现在企业战略发展规划、财务管理、资源的优化配置三个层面。就目前我国全面预算管理的实践状况来看，大多数企业运用已经十分娴熟，但是对于预算考核管理的认识各有不同，企业想要实现的预算控制效果还有待提升。为了更好地发挥全面预算管理的作用，各企业必须重新审视全面预算管理与绩效考核评价的关系，不断优化预算考核管理机制。

一、全面预算管理与绩效考核评价

（一）全面预算管理

全面预算管理是在企业内部各职能部门之间对预算进行分工，使企业能够实现更加科学、高效的生产管理行为，并逐步在企业内部形成战略规划，实现企业资源的合理分配和优化的一系列管理活动。

（二）绩效考核评价

关于绩效考核与绩效评价的论述，不同的学者侧重点各不相同，因此绩效评价的概念比较宽泛。从本质上看，绩效考核是一种有效的管控激励手段，它是企业管理体系的重要组成部分，更是全力保障企业战略发展目标实现的重要手段。

（三）全面预算管理与绩效考核评价的关系

绩效考核评价的主要特征是具有综合性、全面性，企业要想构建一个成熟的、科学的绩效管理体系，就必须先制定一个合理的、科学的、规范化的发展战略，而企业发展战略的实施离不开有效的预算管理体系支撑。

二、企业全面预算管理存在的问题

（一）信息不对称导致目标制定不合理

在企业实行全面预算管理过程中，预算的审批者从下级公司及生产工厂或部门取得预算和经营信息，这些信息广泛、零散且存在失真的可能性。相对而言，预算编制者或执行者占有更集中、充分的信息，这种信息不对称导致预算目标游离于先进性和合理性之外，即预算松弛现象突出，集中表现在两个方面：一方面是在预算编制阶段，可以通过低估高报的手段要求更多生产消耗的成本费用，从而降低生产经营难度；另一方面是在预算执行阶段，对于不达标的指标总有各种理由来推诿，比如品质问题、交期问题等，从而获取更多的预算外豁免。这一结果不利于企业整体目标的最优实现，严重削弱了全面预算目标引领效果。因此，如何充分发挥预算审批者以及编制者或执行者各自的信息优势是强化全面预算管理必须考虑的因素。

（二）预算完成率考核导致预算管理上下博弈严重

由于预算目标对考核结果的重要性，预算目标的确定过程要耗费管理人员大量的时间和精力。企业按照"两上两下、上下结合"的程序编制预算，预算管理部门根据企业发展战略和总体经营目标确定预算编制指导意见，下达至各级预算编制单位。各级预算单位按照下达的预算编制要求，结合本地实际，经分析、测算、平衡后编制上报预算草案；上级预算单位根据经营目标要求经审核、汇总、质询、平衡后，提出调整意见；下级预算单位按照上级的调整意见，修改预算草案并上报；上级预算单位将经审批通过的预算目标下达至下级预算单位。通过上下结合的预算目标沟通方式，确定公司总体预算目标。这一预算目标确定过程复杂，协商工作量大，但准确度低。要提高预算工作效率，发挥预算主体责任是关键，而合理的预算考核机制是重要的激励途径。

（三）事后考核评价对预算目标先进性激励弱化

很多企业都制定了相应的预算绩效考核标准，但是多属于事后考核与评价，既缺乏过程性管控与监督，也没有在目标制定环节发挥激励作用，实质是对既定目标的激励，这在很大程度上削弱了对企业目标先进性的激励作用。一旦预算目标本身过高或过低，与之相配套的绩效考核目标也无法发挥其价值导向作用，各预算主体或怨声载道或皆大欢喜；在预算执行过程中预算分析和预警也存在失效风险，即使因此做出预算变更或调整，也会导致原来的预算规划偏离方向，进而影响到企业经营战略目标落地。因此，如何在目标制定环节发挥考核激励作用是破题的关键。

三、中国铁塔全面预算管理工作实践

中国铁塔股份有限公司（简称"中国铁塔"）成立于 2014 年 7 月，主营通信铁塔等基站配套设施和高铁地铁公网覆盖、大型室内分布系统的建设、维护和运营服务，截至 2019 年设有 31 个省级分公司和 388 个地市级分公司，拥有 195 万座塔类站址，资产规模超过 3000 亿元，是全球规模最大的通信铁塔公司。

（一）中国铁塔全面预算管理工作体系

中国铁塔在成立的短短 5 年时间里，全面预算工作从无到有，不断完善，目前已经建立起规范、健全的预算管理制度。在预算管理的范围上，公司实行总部、省级分公司和地市级分公司三级全面预算管理体制，通过明确职责、分级管理，强化横向关联责任和上下互动机制，实现预算管理的横向到边、纵向到底。在预算编制基础上，通过管理精益化，建立单站核算管理会计体系，以物理站址准确归集资产、收入、成本，全面反映每个站址投资及盈亏状况，夯实预算编制基础，为公司价值管理提供精确的数据支持。各级分公司以单站核算为基础，区别存量站址和增量站址分别编制预算。对于存量站址据实编制收入、成本预算；对于增量站址，坚持订单驱动，根据收支配比关系动态配置成本和投资，既保证了预算资源对业务发展的及时有效支持，也坚持了收支合理匹配的预算管控原则。

（二）中国铁塔绩效考核工作制度

中国铁塔绩效考核制度以 2018 年公司确立成长型和价值创造型"两型"企业战略目标为分水岭。2018 年之前，公司采用传统的"两上两下"、分公司上报、总部平衡的预算考核管理模式。考核指标包括业务发展及客户服务方面四项指标，以及经济效益方面两项指标，总共六项考核指标。其中，收入预算完成率和利润预算完成率两项指标作为预算考核指标，在业绩考核指标体系中共占 30 分的权重，这一考核制度是以总部平衡后的各分公司预算目标为考核前提，预算编制工作必须先于绩效考核工作完成。2018 年末，公司结合两型企业发展战略目标修改了原有绩效考核制度。在新的考核制度中，取消了经营收入预算完成率和利润预算完成率两个指标，唯一与预算目标相衔接的是利润完成差异率指标，即利润完成差异率指标 =（本省某年利润总额实际完成数/当年本省上报利润总额预算 − 1）× 100％，且仅作为扣分项，预算考核从关注目标高低设定转向关注目标预算准确性，预算目标上下博弈的基础不复存在，这一考核制度先于预算编制工作发布，旨在引导分公司自主确定预算目标，高目标高激励，更好地服务于企业成长型和价值创造型战略目标。

（三）基于绩效考核与评价引导的全面预算管理策略

预算、考核和激励都是目标管理的重要手段，但三者只有有机组合起来才能发挥最大效用。中国铁塔打破传统预算考核管理机制，取消预算衔接平衡和预算完成率考核，构建了以战略目标为导向、以绩效考核为手段、以目标自主确定和资源自动配置为核心、以分析评价对标为过程管控方式的全面预算管理机制。

1. 启动战略规划编制

中国铁塔上市后着眼于企业可持续发展和价值提升，以运营商业务为主体，以跨行业业务和能源经营业务为两翼，全面推进"一体两翼"战略落地。基于打造国际同行中最具潜力的成长型和价值创造型的"两型企业"的战略目标，公司于2018年启动战略规划编制，明确了未来3～5年收入增长、利润提升、资产报酬率改善等关键目标及实现途径，自上而下传递出清晰的市场导向和价值导向，不断加快发展步伐，着力做强做优做大中国铁塔。

2. 制定绩效考核办法

基于长期战略目标确定年度预算总体目标，强化预算管理和绩效考核的紧密结合，在绩效考核中强调发展、突出效益。如前所述，2019年重点考核营业收入增长率、资产报酬率两项指标，通过科学设置计分规则，既保证在分公司间拉开差距，又确保各分公司在获取绩效考核平均得分的同时完成年度预算总体目标，创造性地在绩效考核体系中嵌入预算目标要求，以此牵引和指导预算编制，推进预算管理从"任务主导"向"经营主导"转变。

3. 优化目标激励机制

公司进一步强化绩效考核结果应用，把考核结果与工资总额、班子考核奖励等密切挂钩，通过考核引导、资源激励、人工成本分配等一系列相互关联的激励安排，建立以经营成果为导向的预算目标引导机制，激励各级分公司自我管理、自我加压。各级分公司在预算编制中试算考核得分，将预算目标与考核结果进行对照，自主确定预算目标，进一步强化自主经营的预算管理机制，实现预算目标与考核目标的统一。

4. 建立对标管理评价体系

中国铁塔属地化经营特征明显，各省、地市分公司均能独立运营、独立核算，横向可对标、可评价。公司依托经分系统建设综合评价对标管理平台，以地市分公司为主体开展总部一点对标评价，按月展现投资造价、站均成本、主要收支配比等分公司经营指标和全国先进标杆，支撑各级分公司在预算编制过程中主动对标，找差距、促改善，在对标管理的基础上结合业务发展需要配置资源，实事求是确定先进性预算目标，防止追求高绩效盲目虚报高目标的行为；在预算执行中对照差距，制定降本增效、闲置资产盘活等改进目标，有效提升运营效益，实现自身业绩和公司整体价值"双提升"。经过近一年的实践，新型预算管理机制在推进中国铁塔运营发展和战略落地中发挥了积极作用。总部取消了预算平衡，沟通协调的工作量明显降低；各分公司上报预算结果基本符合预期，各分公司收入、利润目标合计数略高于公司战略规划设定的全年预算总体目标；从利润预算执行偏差来看，2019 年公司利润完成差异率较 2018 年下降了 50 个百分点，预算编制准确性明显提升。更为重要的是，各分公司自主经营、独立算账、自我管理意识明显增强，推动了经营观念从"要我做"向"我要做"转变。2019 年前三季度，公司净利润实现 38.7 亿元，同比增长超过 97.5%，EBITDA 率保持在 58.1% 的较高水平，净利润率从 2018 年底的 3.69% 上升至 6.78%。

四、企业加强预算考核管理的对策建议

（一）加强企业战略导向，树立正确的预算管理理念

企业要想实施有效而科学的全面预算管理，首先应该坚持战略导向和价值导向，将年度预算目标的制定与战略目标衔接，既保证全面预算管理的前瞻性、延续性，也支撑预算考核政策的稳定性，给予经营者持续的激励支持和可预见的努力回报。要以战略目标为先导，首先应以人为本，激发人的主观能动性，将全面预算由现在的"目标制定工程"还原为其本来面貌，成为实现目标的管理工具。要做到这一点，必须从企业各级管理者入手，特别是企业的董事长及总经理要高度重视和关注战略管理工作，企业高层领导要把全面预算管理作为企业战略规划落地、加强内部管控、优化资源配置和提高企业精细化管理的重要手段。实践证明，运行高效的预算管控体系离不开高

层领导的重视和支持。

（二）弱化预算完成考核，强化目标引领和薪酬激励

传统的以上级公司为主的"压任务"、以预算完成率为主的"分薪酬"等管控方法的应用，起到了预算引领作用，但编制基础的固有不足、预算制定中的博弈等在一定程度上制约着预算管理功效的最优发挥。为了企业整体利益和战略性发展目标的实现，防止预算松弛现象给企业发展带来的阻碍作用，要进一步改进预算考核激励机制，将预算完成率与绩效考核结果的关联度弱化或解绑。弱化预算完成考核主要表现为采用替代性的业绩考核方法，如平衡计分卡、标杆管理等，增加业绩考核维度和考核标准，从而削弱预算目标的重要性；或者降低预算考核指标在业绩考核中的权重。同时，在绩效考核中体现高目标高激励导向，利用薪酬分配促进预算目标的合理传递，确保在薪酬兑现中体现多劳多得。当然，对于企业生产经营中存在的不可控事项，如自然灾害损失等人为努力之外的因素，应考虑在考核或绩效兑现时予以剔除，以体现公平性、合理性。

（三）强化预算编制基础，减少企业层级间信息的不对称

要发挥预算管理的上下协同、横向联动职能，完善精细的预算基础工作是关键。中国铁塔敢于打破传统，取消对预算完成率的考核，前提是经过五年预算编制的历练，各级分公司熟知预算编制模型和价值创造点，特别是单站核算的信息支撑使总部和各级分公司在预算编制信息获取上基本一致，容易在基础目标设定上达成一致。因此，企业应当做好全面预算管理的编制基础工作，包括业务数据的搜集和审核、预算编制模型的组织培训、历年管理会计报表的数据提供等。有条件的企业应当通过加强业财融合、数字化运营，为企业的管理会计信息化提供良好的信息平台，实现穿透管理、信息共享、顺畅沟通。

（四）加强预算指引和过程管控，提高全面预算的执行力

弱化预算完成考核，不是不要预算，在没有预算完成率刚性目标考核的前提下，

更要充分发挥全面预算调动全员、全方位、全过程的管控职能。一方面，要借助企业较高管理层级获取信息广泛的优势，引入下级预算单位横向对比的机制，通过平级预算单位间的对比，指引经营者找差距促改善，全方位实现企业各层级间信息的互通有无和价值最大化目标；另一方面，要强化预算跟踪分析，定期开展预算执行分析，可以通过编制分解季度预算的方法，对目标预计实现情况进行滚动预测，及时洞察经营变化及存在的问题，尤其对执行偏差较大的项目要重点分析，找出偏差原因、制定改进措施，强化对预算目标实现的整体把控。

五、结语

全面预算管理以实现企业战略为最终目标，是企业管理的重要组成部分，是企业应对复杂市场变化、提升运行质量和效益的重要手段。对企业的全面预算管理进行绩效考核与评价是全面预算管理的重要组成部分，但预算不是绩效考核与评价的全部，二者要在发挥经营者的主观能动性方面找到共同点。各企业要不断优化预算考核机制，进一步强化全面预算管理职能，通过全面提升企业的预算管理水平，夯实企业的管理工作，全面提升企业内部治理效率。

主要参考文献

［1］蔡剑辉. 预算的职能冲突与协调对策研究［J］. 会计研究, 2009（12）: 55 - 59.

［2］程平, 施先旺, 姜亭杉. 基于业财一体化的生产活动大会计研究［J］. 财会月刊, 2017（22）: 3 - 9.

［3］程新生, 李春荞, 朱琳红, 罗艳梅. 参与式预算行为实验研究［J］. 会计研究, 2008（5）: 53 - 60.

［4］崔学刚, 谢志华, 刘辉. 预算功能彰显及其绩效研究——基于我国企业预算管理调查问卷的实证检验［J］. 中国会计评论, 2011（2）: 173 - 190.

［5］冯巧根. 基于环境不确定性的管理会计对策研究［J］. 会计研究, 2014（9）: 21 - 28, 96.

［6］李现宗, 王鹏. 业财融合与协同的预算体系如何创新: 集成共享、精益管控［J］. 管理会计研究, 2019（3）: 13 - 23.

［7］刘浩, 许楠, 时淑慧. 内部控制的"双刃剑"作用——基于预算执行与预算松弛的研究［J］. 管理世界, 2014（12）: 130 - 145.

［8］刘俊勇, 李鹤尊. 预算管理系统分析框架的开发: 基于管理控制的视角［J］. 财务研究, 2017（1）: 69 - 77.

［9］刘俊勇. 全面预算管理［M］. 北京: 中国税务出版社, 2005.

［10］刘凌冰, 陈宝宝, 韩向东. 环境不确定性对预算管理功能的调节效应研究［J］. 财务研究, 2018（2）: 10 - 23.

［11］刘凌冰，韩向东．企业全面预算管理成熟度模型构建研究［J］．财务研究，2015（5）：15-25．

［12］刘凌冰，孙振，韩向东．预算沟通：动因、形式与效果——基于中国企业深度调查的经验证据［J］．会计研究，2016（7）：81-88．

［13］刘梅玲，余坚，卜照坤，朱金波．中国铁塔的数字化建设和运营之路［J］．中国管理会计，2018（3）：33-42．

［14］刘岳华，魏蓉，杨仁良，张根红，李圣，肖力．企业财务业务一体化与财务管理职能转型——基于江苏省电力公司的调研分析［J］．会计研究，2013（10）：51-58，97．

［15］潘飞，陈世敏，文东华，王悦．中国企业管理会计研究框架［J］．会计研究，2010（10）：47-54．

［16］汤谷良，杜菲．基于公司战略预算目标体系模型的构建［J］．财会通讯，2004（3）：13-15．

［17］汤谷良，夏怡斐．企业"业财融合"的理论框架与实操要领［J］．财务研究，2018（2）：3-9．

［18］佟成生，潘飞，吴俊．企业预算管理的功能：决策，抑或控制？［J］．会计研究，2011（5）：44-49．

［19］王斌，潘爱香．预算编制、预算宽余与预算文化：基于战略管理工具视角［J］．财政研究，2009（2）：78-80．

［20］杨小舟．预算是一把双刃剑［J］．新理财，2005（6）：44-48．

［21］于李胜，江权．环境不确定性、公司战略、组织结构对预算控制紧度的影响——基于中国中小企业的调查研究［J］．管理会计学刊，2014（1）：100-128．

［22］张征．以价值导向的发电企业全面预算管理体系构建［J］．财经界（学术版），2016（5）：124-125．

［23］Bhimani A，Sivabalan P，Soonawalla K. A Study of the Linkages Between Rolling Budget Forms，Uncertainty and Strategy［J］．British Accounting Review，2017，50（3）：

306 – 323.

［24］ Bruns W, Waterhouse J. Budgetary Control and Organization Structure ［J］. Jour-
nal of Accounting Research, 1975, 13（2）: 177 – 203.

［25］ Hansen S C, Van der Stede W A. Multiple Facets of Budgeting: An Exploratory
Analysis ［J］. Management Accounting Research, 2004（15）: 415 – 439.

［26］ Henttu – Aho T, Järvinena J. Field Study of the Emerging Practice of Beyond
Budgeting in Industrial Companies: An Institutional Perspective ［J］. European Accounting
Review, 2013, 22（4）: 765 – 785.

［27］ Hope J, Fraser R. Beyond Budgeting: Breaking Through the Barrier to "The Third
Wave" ［J］. Management Accounting, 1997, 75（11）: 20 – 23.

［28］ Hope J, Fraser R. Beyond Budgeting ［J］. Strategic Finance, 2000, 82（4）:
30 – 35.

［29］ Jensen M C. Paying People to Lie: The Truth about the Budgeting Process ［J］.
European Financial Management, 2003, 9（3）: 379 – 406.

［30］ Libby T, Lindsay, R M. Budgeting—An Unnecessary Evil ［J］. CMA Manage-
ment, 2003, 77（1）: 30 – 33.

［31］ O'Grady W, Akroyd, C. The MCS Package in a Non-budgeting Organisation: A
Case Study of Mainfreight ［J］. Qualitative Research in Accounting & Management. 2016, 13
（1）: 2 – 30.

［32］ Otley D T. The Contingency Theory of Management Accounting: Achievement and
Prognosis ［J］. Accounting, Organizations and Society, 1980, 4（4）: 413 – 428.

［33］ Sandalgaard N, Bukh P N. Beyond Budgeting and Change: A Case Study ［J］.
Journal of Accounting & Organizational Change, 2014, 10（3）: 409 – 423.